Wolfgang Welsch

Der Zeitzeuge

Methodik. Bilanz. Kritik.

Wolfgang Welsch

Der Zeitzeuge

Methodik. Bilanz. Kritik.

Rediroma-Verlag

Bibliografische Information der Deutschen Nationalbibliothek:
Die Deutsche Nationalbibliothek verzeichnet diese Publikation in der Deutschen Nationalbibliografie; detaillierte bibliografische Daten sind im Internet über http://portal.dnb.de abrufbar.

ISBN 978-3-98527-531-1

www.rediroma-verlag.de
9,95 Euro (D)

Inhaltsverzeichnis

Vorwort

Bücher, Aufsätze, Essays und wissenschaftliche Abhandlungen über Zeitzeugen in der politischen Bildung gibt es zuhauf. Das didaktische Material zum Einsatz von Zeitzeugen in Schule, Universitäten und anderen Bildungseinrichtungen ist üppig. Aber nur selten schreiben Zeitzeugen selbst über ihre Arbeit und ihre Erfahrungen. Da geht es zum einen um den eigenen Stellenwert im didaktisch-organisatorischen Umfeld und zum anderen um die Reflexion der Tätigkeit als Zeitzeuge.

Sie wissen, zumindest theoretisch, um den Wert, aber auch um die Problematik von narrativen Zeitzeugen-Berichten. Für den DDR-Zeitzeugen aber geht es vor allem um den Kampf gegen die Marginalisierung des DDR-Unrechts.

Die Leistung, die Zeitzeugen – und ich beziehe mich jetzt vor allem auf die DDR-Zeitzeugen – erbringen, ist in vielerlei Hinsicht bedeutsam. Sie leisten nicht nur historische Aufklärungsarbeit, sondern sie sind auch Teil der Geschichtspolitik, weil sie anhand ihrer Berichte tagespolitische Befindlichkeiten veranschaulichen können. Entweder tun sie das selbst oder in der Vor- und Nachbereitung eines Zeitzeugen-Besuchs wird der Lehrende diese Aufgabe wahrnehmen (müssen).

In der Regel handelt es sich bei DDR-Zeitzeugen um »Opfer« des SED/MfS-Regimes, besser: um Betroffene. Sie liefern ihre historische Narration, indem sie ihre Erfahrungen im Gespräch ordnen, interpretieren, deuten und konstruieren sie Geschichte.[1] Merkmale von DDR-Zeitzeugen sind ihr Opferstatus und ihre Traumatisierung, auf denen ein wie auch immer gearteter Appell basiert. Von diesen Zeitzeugen unterscheide ich mich in mehrerer Hinsicht:

Auch ich war »Opfer« des Ministeriums für Staatssicherheit, eingesperrt, gefoltert, verfolgt, bedroht und beinahe liquidiert.

Aber ich war auch, und zwar in erster Linie, ein Mann des Widerstands[2], der das SED-System und damit die ganze DDR von Grund auf abgelehnt hat. Ich war kein Oppositioneller! Schon in der DDR leistete ich aktiven Widerstand, und später, im Westen, setzte ich diesen Widerstand durch zahlreiche erfolgreiche Fluchthilfe-Aktivitäten fort, um die DDR nachhaltig zu destabilisieren. »Bezogen auf das gesamte Gebiet der ehemaligen DDR war offener politischer Protest oder sogar Widertand stets nur eine marginale Erscheinung und anteilig im Verhältnis zur Bevölkerung für die allgemeine politische Lage im Land meist unbedeutend.«[3]

Die Forschung hat sich bisher hauptsächlich mit der sog. Opposition beschäftigt; eine tragfähige Widerstandsforschung steckt noch in den Kinderschuhen. Als Protagonist dieses Widerstands obliegt mir ein gewisses Alleinstellungsmerkmal. Schließlich setze

---

[1] Vgl. Geschichte betrifft uns, Zeitzeugengespräche im Geschichtsunterricht, 5/2015, S. 3
[2] Vgl. ebd., S. 22
[3] Ebd., S. 22

ich mich in meinen Büchern nach akademischen Maßstäben mit der DDR und dem MfS auseinander. In dieser Hinsicht sind meine Zeitzeugen-Vorträge- und Gespräche multidimensional und multifunktional.

Bedeutung und Methodik der Zeitzeugenarbeit

Wer kann sich heute noch das Leben in der DDR vorstellen? Nach mehr als 30 Jahren ihres Zusammenbruchs verblasst die Erinnerung an den SED-Staat. Vor allem für junge Menschen ist die DDR eine fremde, unbegreifliche Welt geworden.

Zeitzeugen können hier Abhilfe schaffen. In ihren Berichten wird die Diktatur im SED-Staat lebendig, wird der von manchem immer noch um- und bestrittene Begriff des »Unrechtsstaates« begreifbar, werden die grundsätzlichen Unterschiede zwischen Demokratie und Diktatur erfahrbar. In der Regel berichten ehemalige Opfer der Diktatur, Dissidenten, ehemalige politische Häftlinge, Flüchtlinge und Fluchthelfer über das realsozialistische Refugium der »Arbeiter und Bauern«.

Ein Zeitzeuge ist kein Historiker, kann aber aus eigenem Erleben Zeugnis von Ereignissen geben und ist somit eine wichtige historische Quelle. Als natürliche Person ist er ein Augenzeuge, der historische Ereignisse persönlich erlebt hat, einen Sachverhalt aufklären, überliefern und bekunden kann. Er legt Zeugnis im Sinne eines Beweises ab. »Eine wegen der Bedrohlichkeit des Geschehens ins Negative geratene Stimmungslage begünstigt eine systematische, aufmerksame Informationsverarbeitung«, so der Sozialpsychologe Prof. Joseph P. Forgas von der University of New South Wales. Der Zeitzeuge erfüllt die Funktion der Ergänzung und der Korrektur von bestehenden Quellen.

Im Geschichtsunterricht sind Zeitzeugen seit geraumer Zeit sehr beliebt[4]: Angesichts ihrer unmittelbaren Authentizität haben sie einen enormen Effekt auf die Vermittlung geschichtlicher Vorgänge und Befindlichkeiten.[5] Das persönliche Erlebnis, das meisthin abstrakte Ereignisse wie Mauer, Flucht, Fluchthilfe, Stasi, politische Haft, Misshandlung und Folter in den Gefängnissen bis hin zu Mordanschlägen und nicht selten eine parallele Beweisführung durch Stasi-Akten, verleiht dem Zeitzeugen etwas Unangreifbares: er hat Geschichte erlebt. Seine Glaubwürdigkeit steht außer Zweifel; seine Erlebnisse und Erfahrungen müssen jedoch in den historischen Kontext eingebettet werden.

Bis heute finden wir nur wenige oder keine Zeitzeugen unter den ehemaligen Tätern, die unisono die Wiedervereinigung beider deutscher Staaten als feindliche Übernahme durch den »BRD-Imperialismus« sehen, die, soweit sie ehemalige hauptamtliche Stasi-Mitarbeiter sind, sich immer noch an ihren einstmals geleisteten, nunmehr längst imaginären militärischen Eid gebunden fühlen. Kaum einer stellt sich der wissenschaftlichen Methode der »Oral History« zur Verfügung. Da wird jede Sachaussage, mag sie noch so unbedeutend sein, zum Verrat hochstilisiert. Rainer Eppelmann fordert zu Recht das Ende des Schweigens der Täter. Der

---

[4]Silke Satjukow: »Die Zeitzeugen dienten seit 1945 sporadisch, seit spätestens Ende der fünfziger Jahre als integrierter und integrierender Bestandteil von Erinnerungsritualen«, in: M. Sabrow, N. Frei /Hg.), Die Geburt des Zeitzeugen nach 1945, Göttingen 2012, S. 222

[5] P.P. Schwarz, Vom NS- zum DDR-Zeitzeugen? Zur Begriffsgeschichte vor und nach 1989/90, in: Christian Ernst (Hg.) Geschichte im Dialog?, Schwalbach 2014, S. 38: »Zeitzeugen sind emotional, subjektiv und erscheinen authentisch«.

thüringische Ministerpräsident Ramelow weist verständnisvoll, vielleicht zu verständnisvoll darauf hin, dass ein »Täter« mit seinem Outing von heute auf morgen als Outlaw gelten wird, dass er all seine sozialen Kontakte verlieren wird. Ist ihm das zuzumuten, fragt er. Ja, das ist ihm zuzumuten, denn er hat es ehedem auch seinen Opfern zugemutet!

Im Grunde bestätigt diese prinzipielle und nonverbale Verweigerungshaltung aber gerade die Berichte der Zeitzeugen über den brutalen Fanatismus des Systems und dessen Apologeten. Zwar kann ein Zeitzeuge möglicherweise eine ambivalente, subjektivierte Quelle sein, doch die Verweigerungshaltung der ehemaligen Systemstützen u n d die Akten der Stasi-Unterlagenbehörde objektivieren die Methodik der Beweisführung durch Zeitzeugen.

Die Rolle des Zeitzeugen im historischen Betrieb darf man nicht nur quellenkritisch hinterfragen, sondern dies sollte geradezu zur Pflicht im Geschichtsunterricht an Schulen sein. Gerade das Nachfragen, die Beschäftigung mit einem Sachverhalt der fremd ist, kann für den einzelnen Schüler bei der Beurteilung einer historischen Epoche nicht nur hilfreich, sondern auch wichtig sein, indem er im Umkehrschluss den Wert eines/seines demokratischen Rechtsstaates erkennt. Neben der Sach- wird hier auch die Wertekompetenz des Schülers ausgebildet.

Ein Zeitzeuge, der über den SED-Staat und dessen Praktiken berichtet, vertritt keine ideologische Position, zu der distanzierte Gegenpositionen entwickelt werden könnten, sondern er berichtet von der Macht des Faktischen. »Das emotionale Potenzial von Zeitzeugenberichten ist in allen Verwendungsformen präsent und kommt als didaktisches Mittel insbesondere im Schulunterricht zum Tragen«.[6] Die Personalisierung historischer Prozesse führt zur Emotionalisierung im Sinne einer populären Geschichtsdarstellung.[7]

Seit über 20 Jahren bin ich als Zeitzeuge und politischer Referent tätig und habe in dieser Zeit vielfältige Erfahrungen mit der »Oral History«[8] gemacht, mal gute, mal schlechte. Erfahrungen mit Schulen, mit Lehrern und natürlich mit Schüler*Innen. Seit den 1970er Jahren waren Zeitzeugen zu einem unabdingbaren heuristischen und ästhetischen Element historischer Dokumentationen geworden.[9] Zeitzeugen verkörpern ebenso die »subjektive, lebensbiografisch konnotierte Zeitaneignung wie die Pluralisierung von Perspektiven und die emotionale Grundierung des Erinnerungsparadigmas«.[10]

In den nachfolgenden Ausführungen möchte ich als einer der häufig gebuchten Zeitzeugen diese Erfahrungen zusammenfassen und eine Art »Kritik des Zeitzeugenbesuchs« entwerfen, um dessen Stellenwert in Gegenwart und Zukunft zu thematisieren.

---

[6] Rössner, Michael, Heidemarie Uhl, Renaissance der Authentizität, Bielefeld 2012, S. 239

[7] Schwarz, a.a.o., S. 49

[8] Der Begriff »Oral History« wird hier parallel zum Begriff »Zeitzeugen-Bericht« verwendet.

[9] Gries, Rainer in: www.schule-bw, newsletter 2013, 5. Geschichte: Zeitzeugen- eine ambivalente Quelle? S. 50

[10] Clasen, Christoph in: Sabrow, a.a.O. S. 314

Selbstverständnis und Motivation

Seit den Untersuchen von Prof. Klaus Schroeder[11] über die Kenntnisse von Schülern in Ost und West über die DDR weiß man, dass es um diese schlecht bestellt ist. Nach über 30 Jahren der Wiedervereinigung scheint die DDR nur noch eine Randnotiz der Geschichte in den Köpfen der nachwachsenden Generationen zu sein. Das historische Gedächtnis wird überlagert von weltpolitischen Themen, die wichtiger erscheinen als der Umgang mit einer untergegangenen Diktatur: Internationaler Terrorismus, Neue Kriege, weltweite Verteilungskämpfe, Klimawandel, Ressourcenknappheit, Failing States, Globalisierung, organisierte Kriminalität, Eurokrisen, Nine-Eleven, Paris, Brüssel, Halle, Hanau – und es ist kein Ende abzusehen. Das ersehnte Ende der Geschichte wurde 1991 mit dem Ende des Ost-West-Konflikts definitiv nicht erreicht. Die Gegenwart ist schwierig genug; wozu sich also mit einer Vergangenheit beschäftigen, die mit dem Beitritt der DDR zur Bundesrepublik nach Artikel 23 GG vergangen ist? So oder ähnlich mag es in den Köpfen Jugendlicher aussehen, die nach 1990 oder später geboren wurden, die keinen Kalten Krieg mehr kennen, die in Europa in Frieden, ja teilweise sogar in Luxus leben und die eine rosige Zukunft vor sich haben angesichts der materiellen und digitalen Entwicklung.

Die Ergebnisse Schroeders sind erschreckend: der Unterschied zwischen Diktatur und Demokratie verschwimmt, Freiheit und Demokratie werden kaum noch als zu verteidigende Werte emp-

---

[11] Leiter des Forschungsverbundes SED-Staat an der Freien Universität Berlin

funden, und historisches Basiswissen beschränkt sich auf einen Blick in Wikipedia. Politisches und historisches Urteilsvermögen reduziert sich auf Schlagzeilen-Niveau. Die Zeit zwischen 1945 und 1990 ist, laut Schroeder, was die DDR anbelangt, ein »blinder Fleck«.[12] Sicher, es mag Ausnahmen geben; es mag Schulen, Regionen und Jugendliche geben, für die dies alles nicht gilt. Aber sie bilden eher die Ausnahme denn die Regel.

Fragt man nach den Ursachen, macht man ganz schnell die Schulen für die Defizite verantwortlich. Jedoch sind die Schulen und ihre Lehrer*innen gebunden an Lehrpläne, die in den letzten 15 Jahren angepasst, reformiert, revolutioniert, »verschlankt«, entrümpelt und immer und immer wieder bis zur Unkenntlichkeit verändert worden sind. Auf der Strecke geblieben ist dabei ein fundierter Geschichtsunterricht, vor allem ein fundierter Geschichtsunterricht in jüngster deutscher und europäischer Geschichte. Natürlich, diverse DDR-Inhalte stehen in den Lehrplänen, von Bundesland zu Bundesland unterschiedlich, mal mehr, mal weniger vage. In einer Expertise zum Stellenwert der DDR-Geschichte in den Lehrplänen aus dem Jahr 2004 wird vehemente Kritik an diesen Lehrplänen geübt.[13]

Besser geworden ist die Lage mit der Einführung des G8 in vielen Bundesländern seitdem mit Sicherheit nicht.[14] Trotzdem sollten

---

[12] Vitzthum, Thomas, Tausend Jahre sind eine Stunde, in: Welt am Sonntag, 13. 12. 2015, S. 3

[13] Arnswald, Ulrich, Zum Stellenwert des Themas DDR-Geschichte in den Lehrplänen der deutschen Bundesländer, Berlin 2004

[14] Vitzthum, a. a. O., S. 3

Schüler*innen doch halbwegs Bescheid wissen über die deutsche Nachkriegsgeschichte, eingebettet in den europäischen Kontext. Dem ist jedoch mitnichten so.

Selbst wenn in den Mittelstufen noch[15] chronologisch unterrichtet wird, fallen Themen wie die Weimarer Republik, das Dritte Reich, der Holocaust und die Spaltung der Welt im und nach dem Zweiten Weltkrieg in eine Zeit, in der die Schüler*innen zwischen 14 und 16 Jahre alt sind, sich mitten in der Pubertät befinden und häufig alles andere im Kopf haben, als das Verständnis für historische Zusammenhänge und das Anlegen von Grundwissen. Historische Längsschnitte und die Behandlung ausgewählter Problemfelder ohne den Anker der Chronologie führen dazu, dass die Schüler*innen alles durcheinanderwerfen »Bei dieser Methode werden abstrakte Begriffe oft zu schnell und zu definitiv verabreicht«, analysiert der Didaktiker Sandkühler.[16]

Und genau hier setzt das Problem an: Die Lehrpläne der Oberstufe, in denen tatsächlich auch Zeitgeschichte vorgesehen ist, gehen davon aus, dass genau chronologisch angelegtes Grundwissen mit der Kenntnis von Fachtermini vorhanden ist, dass Zahlen, Daten, Fakten abgerufen werden können. Und dies ist in der Regel nicht der Fall. In der Praxis muss in den 11. und 12. Jahrgangsstufen nochmals das besprochen werden, was in der Mittelstufe nur rudimentär, wenn überhaupt, unterrichtet werden konnte. Erst

---

[15] Während in manchen Bundesländern an der historischen Chronologie im neuen Lehrplan Plus festgehalten wird, gehen andere Bundesländer davon ab und orientieren sich an historischen Längsschnitten.

[16] Professor für Geschichtsdidaktik an der Humboldt-Universität Berlin

dann kann man sich um Kompetenzen, um Urteilsfähigkeit, um gedankliche Tiefe kümmern. Es liegt beileibe nicht an den Geschichtslehrer*innen, die sich meist redlich bemühen. Aber sie hetzen im Eiltempo durch die Jahrhunderte[17] und sind froh, wenn pro Unterrichtsstunde zwei bis drei Essentials hängen bleiben. Viel Staat kann man damit nicht machen. Und schon gar keinen »Staat« mit der DDR. Denn diese fällt aufgrund der Stofffülle und der Stoffverteilung häufig unter den Tisch.

In manchen Bundesländern wird dem Lehrplan Geschichte der DDR in der 11. Jahrgangsstufe 7 Stunden zugewiesen. In 7 Stunden sollen die Diskrepanz zwischen Anspruch und Wirklichkeit im »Arbeiter- und Bauernstaat« (Wahlen; Dissidenten; Repression) vor dem Hintergrund des Demokratie-Verständnisses in der Staats- und Parteiführung, weiterhin die Entwicklung der deutschlandpolitischen Standpunkte ab 1969 sowie die Bilanz der Wirtschafts- und Sozialpolitik in der Endphase der DDR und ihre Rolle für die Akzeptanz des Systems vermittelt werden. Weiter geht es mit den Konzepten für die Umwandlung der DDR in eine parlamentarische Demokratie im zeitlichen Umfeld der Wiedervereinigung und der Problematik der individuellen und kollektiven Geschichtserinnerung an die DDR, alles natürlich unter Einbeziehung und Ausbildung der Kompetenzen wie Methodenkompetenz, Sachkompetenz, Urteilskompetenz, Wertekompetenz u.v.m. In der 9. Jahrgangsstufe ist das Thema DDR eingebettet in die Blockbildung und wird, im Sinne der deutschen Parallelgeschichte auch

---

[17] Sandkühler, Thomas, 1000 Jahre sind eine Stunde, in Welt am Sonntag, Nr. 50, 13. Dezember 2015

vergleichend mit der Bundesrepublik behandelt (Entstehung gegensätzlicher politischer und wirtschaftlicher Strukturen in der Bundesrepublik Deutschland und der DDR; Auswirkungen auf das Alltagsleben in Ost und West). Vorgesehen sind dafür ca. zwei Unterrichtsstunden! Meist gelingt hier in der Praxis nur das Setzen von Schlaglichtern, von punktueller Thematisierung dessen, worüber der unterrichtende Geschichtslehrer fachkundig ist.

Häufig sind junge Geschichtslehrer*innen, egal wo sie ausgebildet wurden, leider nicht fachkundig. Ihre Kenntnisse gehen oft über Schulbuchwissen nicht hinaus. Was aber in den Schulbüchern über die DDR steht und was über sie und ihr Ende nicht in den Schulbüchern steht, wäre eine gesonderte Abhandlung wert. In jedem Fall ist das Ausmaß der Defizite beschämend.

Mancherorts gestaltet sich das Unterrichtsthema DDR in der Oberstufe 11. Jahrgangsstufe noch schwieriger, wenn man die zeitliche Positionierung des Themas DDR betrachtet. Nur wenn es den Geschichtslehrer*innen gelingt, die ersten beiden Lehrplanthemen »Frühe Neuzeit« und »Industrialisierung« bis Weihnachten durchzunehmen, haben sie eine Chance, die übrigen vier Themen »Scheitern der Weimarer Republik«, »Umgang der Deutschen mit dem Holocaust«, »Erfolgsmodell Bundesrepublik« und die »Alternative DDR« bis zum Schuljahresende zu schaffen. Die DDR wird also, wenn überhaupt, Unterrichtsthema im Juli, in einer Zeit, wo wegen Exkursionen, Sportfesten, Klassenfahrten, Feriennähe u.v.m. zahlreiche Stunden ausfallen und vor allem auch schon alle Klausuren geschrieben worden sind. Und wenn die DDR also nicht mehr Prüfungsthema ist, kann man sie gleich weglassen. Sollte man sich dann auch noch mit der Wiederholung von Grundwissen zur Weimarer Republik, zum Nationalsozialismus und zur Frühgeschichte der Bundesrepublik herumschlagen müssen, eventuell sogar einige Unterrichtsfilme anschauen – dann hat die DDR-Geschichte keine Chance, ernsthaft im Unterricht durchgenommen zu werden. Schroeders Ergebnisse kommen also nicht von ungefähr und sind strukturell bedingt.

Während man in den Naturwissenschaften den technischen Entwicklungen Rechnung trug und Stunden aufstockte, neue Fächer einführte, Informatik zum Pflichtfach machte u.v.m., bleiben die revolutionären und epochalen Veränderungen in der Geschichte ohne Niederschlag in den Stundentafeln. Im Gegenteil: zugunsten der »wichtigen Fächer« wie Mathematik, Deutsch und Englisch wird im Fach Geschichte eher gekürzt. Aber gerade in der Geschichte hat sich in den letzten 30 Jahren genauso viel getan wie in der Ökonomie und Technologie – jedoch ohne dass man die Konsequenzen daraus gezogen hätte und dies in den Lehrplänen und den Stundenzuweisungen berücksichtigt hätte. Unsere Schüler*innen können zweihändig Handys bedienen, sich halbprofessionell im Internet austoben und über die sozialen Netzwerke unendliche (oberflächliche) Kontakte knüpfen – aber ihr historisches Wissen und ihre Fähigkeit zum Verständnis historischer Zusammenhänge bleibt zunehmend rudimentär. Damit sind sie den vielfältigen Zukunftsaufgaben kaum noch gewachsen. Diese »Tendenz zur Vernachlässigung historischer Erinnerung und

Bildung«[18] ist fatal. Historische Inhalte werden angesichts des übergeordneten Ziels der Kompetenzorientierung verhandelbar, sie sind nur noch Mittel zum Zweck.

Erinnern und Bilden trägt dazu bei, den Opfern massenhaften systematischen Unrechts Genugtuung zu verschaffen. Die Formen der Auseinandersetzung mit gewaltbelasteter Vergangenheit dienen zugleich der Demokratisierung, in dem sie die humane Orientierung einer Gesellschaft stärken und einer Wiederholung des Geschehenen vorbeugen.

Erinnern heißt, die Mechanismen des Terrors zu reflektieren, sich mit der Unrechtsgeschichte kritisch auseinanderzusetzen und diese Geschichte dem Vergessen oder Verdrängen abzuringen und der Opfer zu gedenken.[19] Bilden heißt, Wissen und Erfahrungen weiterzugeben, zu reflektieren und die gesellschaftliche und rechtliche Aufarbeitung der von schweren Menschenrechtsverletzungen geprägten Vergangenheit der zweiten Hälfte Deutschlands, der vormaligen DDR, aufzuarbeiten.

Hier müsste nun ein verantwortlicher Politik- und Geschichtsunterricht einsetzen, der jedoch, siehe oben, unter strukturellen Schwierigkeiten leidet.

---

[18] Ebd.

[19] Welsch, Wolfgang, Widerstand. Eine Abrechnung mit der SED-Diktatur, Berlin 2021

Um Schüler:innen jedoch trotz aller Hemmnisse an die jüngste Zeitgeschichte heranzuführen und sie historisch zu öffnen, werden seit zwei bis drei Jahrzehnten vermehrt Zeitzeugengespräche in den Unterricht eingebaut. Zunächst mit Überlebenden des Holocaust, nun aber auch mit »Akteuren« der ehemaligen DDR. Es gibt eine regelrechte »Zeitzeugenszene«. So vermittelt das Zeitzeugenbüro der Gedenkstätte Berlin-Hohenschönhausen Zeitzeugen in alle Bundesländer, die Stiftung Aufarbeitung engagiert sich in ähnlicher Weise und die Kultusministerien geben Listen mit Ansprechpartnern heraus und empfehlen Zeitzeugengespräche. Und manchmal werden Lehrer*innen und auch Schüler*innen von sich aus aktiv, kontaktieren Zeitzeugen und organisieren mit der Schule entsprechende Veranstaltungen.

Oral History als mündliche Geschichtstradierung

Über die Funktion, die Vor- und Nachteile und die Organisation von Oral History alias Zeitzeugengesprächen in Schulen gibt es eine Fülle von Literatur, allerdings immer aus der Perspektive der Lehrenden und nicht aus der Perspektive des Zeitzeugens.

Unstrittig ist die Definition von Oral History.

»Oral History zielt u. a. darauf ab, durch Dokumentation der Erzählungen lebender Personen jenes Defizit an tradierten Quellen zur Geschichte der Lebenswelten und Erfahrungen der sonst 'schweigenden Masse' auszugleichen. Die aus den Gesprächen entstehenden Texte sind folglich wissenschaftsproduzierte Quellen – im Unterschied zu jenen tradierten Quellen, die der Historiker vorfindet«.[20]

Oral History wurde vorwiegend in den skandinavischen Ländern und in Großbritannien als Methode praktiziert, erlangte aber in jüngster Zeit auch in Deutschland mehr Akzeptanz. Im Geschichtsunterricht bedeutet der Einsatz von Zeitzeugen ein erhöhtes Maß an Motivation, da sich die Schüler mit dem subjektiven

[20] Heuberger, Andrea, Oral History im Geschichtsunterricht, Abschlussarbeit, o.J. , S. 4

Schicksal von Zeitzeugen besser identifizieren können als mit abstrakten Abhandlungen der Wissenschaft.[21]

Mit Zeitzeugengesprächen wird eine Reihe von Chancen verbunden:

Soziale Lernziele, wie z.B. Respekt und Empathie-Vermögen werden gefördert. Schüler*innen konzentrieren sich auf eine Erzählung bzw. auf einen Tatsachenbericht und lernen wieder zuzuhören.
Geschichte bekommt mit dem Zeitzeugen einen Namen und ein Gesicht.
Geschichte wird mit dem Zeitzeugen authentisch und faszinierend. Ein realer Lebensweg oder Lebensabschnitt wird in seiner Unumkehrbarkeit gezeigt.
Schüler*innen erkennen, dass auch sie mit ihrer Alltagswelt Teil von geschichtlichen Entwicklungen sind.
Schüler*innen können sich mit den Gefühlen der Zeitzeugen identifizieren, womit Betroffenheit erzeugt wird.
Schüler*innen erkennen, dass Widerstand gegen ein totalitäres System eine Gewissensentscheidung ist. Eine Entscheidung, die Mut erfordert, aber nicht von allen Menschen eingefordert werden kann. Darüber kommen sie zu einem differenzierenden Urteil.

---

[21] Plato, Alexander v.: Chancen und Gefahren des Einsatzes von Zeitzeugen im Unterricht, in BIOS, Zeitschrift für Biographieforschung und Oral History, 14/2001, S. 134

Schüler*innen erkennen die Problematik von Darstellungen in Büchern oder Dokumentationen, die niemals umfassend sein können und durch die subjektiven Erinnerungen von Zeitzeugen ergänzt oder auch revidiert werden müssen.

Diesen Chancen, die naturgemäß unvollständig sein müssen, stehen auch Probleme gegenüber, die bei der Vor- und Nachbereitung eines Zeitzeugenbesuchs in die Überlegungen der Lehrenden mit einbezogen werden müssen.

Zeitzeugenberichte sind individuell und tragen mitunter selektiven Charakter. Sich objektiv an Ereignisse zu erinnern ist ebenso unmöglich, wie »sine ira et studio« des Historikers, der ebenfalls in seiner Zeit lebt.
Erinnerungen verändern sich im Laufe der Zeit und werden anders gedeutet. Sichtweisen werden u. U. an gesellschaftliche Erwartungen angepasst und dezidiert abgegrenzt.
Der Zeitzeuge muss seiner Erzählung einer Ordnung unterwerfen, was mitunter schwerfällt.
Der Zeitzeuge bewegt sich zwischen Selbstdarstellung, Rationalität, Rechtfertigung, Verdrängung und Erwartungen der Teilnehmer. Gleichwohl gibt es Fixpunkte einer politischen Vergangenheit die unverrückbar bleiben. In meinem Fall ist das der Widerstand gegen den Unrechtsstaat DDR mit all seinen Facetten.
Es gibt einen Wechsel von Emotion und Rationalität, sodass der Zeitzeuge einen ‚roten Faden' braucht, um seine Erzählung nachvollziehbar zu strukturieren.

Die Motivation des Zeitzeugens ist zwar zumeist von subjektiver Interpretation getragen, die aber durch die Wirksamkeit des Tatsächlichen objektiviert wird.

Viele Ausführungen in der Literatur beziehen sich auf Zeitzeugengespräche mit Holocaust-Überlebenden. Zeitzeugen, Opfer, bzw. besser Betroffene des DDR-Unrechtsregimes, wurden noch nicht Gegenstand von diesbezüglichen Untersuchungen.

Mit der Diskussion um die DDR als »Stasi-Staat«, mit der Öffnung der Akten und den Ergebnissen der Enquete-Kommissionen der Bundesregierung in den 90er Jahren, gelangten auch Betroffene[22] in den Fokus der Betrachtung, vor allem, wenn sie in den neu errichteten Gedenkstätten der ehemaligen DDR in Führungen ihre Geschichte erzählten. Vorreiter für fundierte Zeitzeugenführungen ist die Gedenkstätte Hohenschönhausen, in der jährlich 400 000 Besucher durch das ehemalige Zentrale Untersuchungsgefängnis der Staatssicherheit geführt werden.[23] Die Kombination von individuellem Erleben und dem historischen Ort wird gezielt gefördert und erreicht einen hohen Authentizitätsgrad. Wenn Schulen nicht die Gelegenheit haben, eine der Gedenkstätten zu besuchen, stehen ihnen Zeitzeugen für Vorträge und Gespräche zur Verfügung, die auf Einladung an die Schulen bzw. Einrichtungen reisen.

---

[22] Stasiunterlagengesetz (StUG)

[23] Etwa 40.000 Besucher müssen 2019 wegen Überfüllung abgewiesen werden

Für viele der politischen Referenten ist dies eine Form der persönlichen Aufarbeitung und Trauma-Verarbeitung. Man muss wissen, dass diese Zeitzeugen, die über ihren Gefängnisaufenthalt und ihre Kontakte mit der Stasi mehr oder weniger eloquent Auskunft geben, diejenigen sind, die mit ihrer Vergangenheit noch am besten zurechtkommen. Sie haben gelernt, darüber zu sprechen und nicht zu schweigen. So haben sie die Chance, ihr Trauma (PTBS) zu bewältigen oder sogar zu überwinden. Gleichzeitig aber konnten viele dieser Zeitzeugen nach ihrer Freilassung oder nach dem Zusammenbruch der DDR im richtigen Leben nur schwer Fuß fassen; die Zersetzungsmethoden und die gesundheitlichen Folgen von physischen und psychischen Misshandlungen wirken nach.

Und so verbringen sie auch heute noch einen Teil ihrer Zeit, diesmal nun freiwillig, in den Gedenkstätten, den ehemaligen Gefängnissen oder Stasi-Zentralen. Ihr Leben bleibt von der Stasi und der SED-Diktatur beherrscht.

Zusammenfassend darf festgestellt werden, dass die Zeitzeugen »für eine Rückkehr zu vormodernen Formen der mündlichen Geschichtstradierung stehen, wobei die vereinfachten Aussagen der Zeitzeugen die professionelle Deutung der Zeithistoriker ersetzen«.[24] Heute ist man sich einig, dass der Zeitzeuge ein wertvolles und wichtiges Korrektiv in der historischen Betrachtung einzelner Vorgänge sein kann.

---

[24] Bösch, Frank, Geschichte mit Gesicht. Zur Genese des Zeitzeugen in Holocaust-Dokumentationen seit den 1950er-Jahren, in: Die Geburt des Zeitzeugen nach 1945, in: Martin Sabrow, Norbert Frei (Hg.), Göttingen 2012 , S. 51-72, S. 52

Meine Rolle als Zeitzeuge

Mein persönlicher Weg zum »Zeitzeugen-Dasein« nahm einen besonderen Verlauf. In die Öffentlichkeit geriet ich durch den »Giftmord-Prozess« im Jahr 1994, der aufgrund des umfassenden Geständnisses meines »Mörders« ein einzigartiges Ergebnis zeitigte: Der Täter und IM der Stasi gestand seine Mordversuche und verriet dabei mehr als die Ermittler der Staatsanwaltschaft wussten. Der Prozess vor dem Landgericht Berlin ist der bislang einzige nach dem Zusammenbruch der DDR und der Wiedervereinigung, in dem ein Täter und IM den Mordauftrag der Stasi im Westen gestand und sich ein ranghoher Stasi-General in der Untersuchungshaft das Leben nahm. Womit eines bewiesen werden konnte, was die Stasi und andere Apologeten der DDR bislang wortreich bestritten hatten: Das Ministerium für Staatssicherheit der DDR ließ zuweilen politische Gegner ermorden, wenn man dies für opportun hielt.

Im Jahr 2001 wurde meine Autobiographie »Ich war Staatsfeind Nr. 1« zum Bestseller. Zunächst war ich auf Lesereisen in Deutschland unterwegs. Doch immer häufiger wurde ich an Schulen eingeladen, um über Hintergründe meines Widerstands zu sprechen, Einzelheiten der Konfrontation mit der DDR-Geheimpolizei und alles zusammen vor dem Kontext der SED-Diktatur. Fortan fungierte ich als politischer Referent, hielt Vorträge an Schulen, Universitäten, Stiftungen wie KAS und HSS, politischen Parteien, der Bundeswehr – und schließlich auch vermehrt bei Menschenrechtsorganisationen im In- und Ausland.

Meine Einsätze als Zeitzeuge basieren auf drei Säulen: zum einen bin ich tatsächlich Opfer der SED und ihres Repressionsapparates, des MfS, gewesen. Man hatte mich aus politischen Gründen zu knapp 10 Jahren Zuchthaus verurteilt, von denen ich fast 7 Jahre in Gefängnissen der DDR verbrachte. Zum anderen analysierte ich nach meinem Freikauf in den Westen sehr früh das Machtgefüge des MfS in meiner Dissertation aus dem Jahr 1977 und später in zahlreichen Essays, Vorträgen und Aufsätzen. Und drittens war ich im aktiven Widerstand[25] gegen die SED-Diktatur als Fluchthelfer und Multiplikator der Menschenrechtsverletzungen der DDR, unter anderem vor den Vereinten Nationen in New York. Also war ich auch Akteur. Diese Kombination aus Opfer, Wissenschaftler und Akteur erfordert, dass ich bei meinen Vorträgen Prioritäten und Ziele in Absprache mit dem Auftraggeber, also Lehrer*innen, Schulen und andere Veranstalter definieren muss. Ähnlich ergeht es auch anderen Zeitzeugen, die mehrere Funktionen haben: als Akteur, als Politiker, als Funktionär und als »Betroffener«. Als Beispiel hierfür möchte ich Roland Jahn nennen, der zunächst Betroffener war, dann Widerständiger und heute politischer Akteur ist. Tritt er vor Schüler*innen auf, so steht seine persönliche Geschichte im Mittelpunkt, weniger die des (vormaligen) Bundesbe-

[25] »Widerstand [...] geht in seiner Konsequenz und seinen Forderungen über das hinaus, was mit oppositionellem Verhalten bezeichnet werden kann. Widerstand ist eine fundamentale Gegnerschaft zum bestehenden System und stellt damit auch die Machtfrage [...] Festzuhalten bleibt jedoch, dass nur derjenige als Widerstandleistender bezeichnet werden kann, der eine Bestrafung oder Benachteiligung bewusst in Kauf nahm«, in: Geschichte betrifft uns, S. 22, in: Wolfgang Welsch, Widerstand. Eine Abrechnung mit der SED-Diktatur, 3.3. Definition von Widerstand, S. 83 ff

auftragten oder seine frühere Tätigkeit als Redakteur beim TV-Format »Kontraste«.

Die persönliche Betroffenheit schafft Authentizität und hebt den Zeitzeugen von allen anderen Zeitgenossen ab. Das Besondere wird im individuellen Schicksal gefunden; der Historiker kann sezieren, differenzieren und verallgemeinern; der Betroffene hat das historische Resultat erlebt und erlitten. Was meine Zeitzeugentätigkeit von anderen Berichten unterscheidet, ist der damalige Prozess vor dem Landgericht Berlin, in dem Stasi-Täter wegen versuchten Mordes verurteilt wurden. Dies ist aktenkundig und damit nachweisbar. Insofern kann ich objektive, wissenschaftlich und juristisch konnotierte Feststellungen treffen.

Die oben angesprochenen Chancen und Probleme greifen, was meine Zeitzeugenvorträge anbelangt, zu kurz. Als Wissenschaftler weiß ich zwischen Emotion und Rationalität zu unterscheiden und bin mir des Problems der selektiven Wahrnehmung durchaus bewusst. Deshalb beziehe ich in meine Vorträge die Ergebnisse der historischen Forschung mit ein und zeige deren Erkenntnisse am eigenen Beispiel auf.

Wichtig erscheint mir auch der historische Vergleich, ohne etwas gleichsetzen zu wollen. Dabei vergleiche ich Nationalsozialismus und »realen Sozialismus«. Beide Ideologien billigten zu ihrer zwangsweisen Durchsetzung Verbrechen und hießen sie gut. Da gibt es einen inneren Zusammenhang. Beide Tätergruppen glaubten, eine geschichtliche Mission zu erfüllen. Ich erkläre, dass normale Menschen eine natürliche Hemmung haben, zu töten. Kriminelle weniger. Doch ein Mensch, der einer Ideologie dient, tut etwas für eine große Sache. Hat man Großes, Erhabenes, eine Überzeugung im Rücken, kann man ohne Gewissensbisse töten. In diesem Fall sehen sich Täter als Wohltäter. Diese Gattung von Tätern hat bis heute nicht realisiert, dass im Namen der von ihnen vertretenen Ideologie Verbrechen begangen worden sind. Nach dem Ende des Nationalsozialismus/Faschismus rief man »Nie wieder Faschismus, nie wieder Krieg«! Ruft heute jemand »Nie wieder Sozialismus/Kommunismus, nie wieder Gewalt«!? Wo doch die Umsetzung der Idee des Sozialismus/Kommunismus in nahezu allen Ländern in denen sie umgesetzt wurde, zu Gewalt und Verbrechen geführt hat.

Gleichermaßen ist an meiner eigenen Geschichte auch nachvollziehbar, wie unvollständig und verzerrt historische Darstellungen, z.B. in Schulbüchern sein können, indem sie Wesentliches aussparen und/oder dem Mainstream unterliegen. Am Beispiel der Rolle der Bürgerrechtler, die »die DDR gestürzt« haben, oder der Marginalisierung des Widerstands[26] gegen die DDR kann diese Unvollständigkeit, ja geschichtsklitternde Oberflächlichkeit gezeigt werden, die der historischen Vollständigkeit alles andere als gerecht wird. Wenn die DDR ernsthaft als »Alternative zur Bundesrepublik«[27] (mit Fragezeichen) behandelt wird, kann ich als Zeitzeuge

---

[26] Fatal wirkt sich hier die begriffliche Ungenauigkeit aus. Oppositionsbegriff und Widerstandsbegriff verschwimmen nicht nur, sondern werden der Einfachheit halber häufig gleichgesetzt. So muss man nicht differenzieren und alle DDR-Kritiker werden zu Widerständlern!

[27] Vgl. Lehrplan Gymnasien, 11. Jahrgangsstufe

klarstellen, dass die DDR niemals, von Anfang an, eine Alternative gewesen war oder sein konnte, denn von Beginn an, also dem Jahr ihrer Gründung 1949, beruhte ihre Legitimation auf angeordnete Wahlfälschung der Machthaber, war also eine Scheinlegitimation. Insofern verzerrt der Zeitzeuge nicht die historische Wahrheit, sondern kann sie vielmehr durch einfache Wahrheiten erhellen, wie der Liedermacher und Lyriker Wolf Biermann, der über Deutungshoheiten schrieb: »Manchmal treffe ich lebenskluge und auch gebildete Westmenschen, die zu unserem Streit um die Deutungshoheit über die DDR-Diktatur leise sagen: Ich habe es ja nicht selber erlebt, ich kann mir also kein Urteil erlauben [...], dann widerspreche ich. Jeder Mensch kann im tiefsten Grunde alles Menschliche und Unmenschliche aller Umstände und aller Zeiten beurteilen, egal wo, wann und wie er aufwuchs: West oder Ost, links, rechts, arm reich, hoch- oder schwach gebildet. Was Freude und Leid ist, Tapferkeit und Feigheit, was Treue und Verrat, Lüge und Wahrhaftigkeit, Liebe, Hass und Heuchelei – das alles hat jeder Mensch in dem sozial-kulturellen Nest gelernt, in dem er zufällig ausgebrütet wurde.«[28] Seit 2012 verbinde ich meine Vorträge mit einer Powerpoint-Präsentation; anhand von Bildern und Filmsequenzen erkläre ich am autobiografischen Beispiel Strukturzusammenhang und Wirken von MfS und SED-Diktatur. Im Anschluss an den Vortrag steht Zeit für Fragen und kontroverse Diskussion zur Verfügung.

[28] Biermann, Wolf, Buntes Grau. Ein paar Details, in: Roman Grafe (HG), Die Schuld der Mitläufer. Anpassen oder widerstehen in der DDR, München 2009, S. 13-24

Abb. 1 Vortrag am Lycée Jean Renoir München 2014

Eine andere Variante ist das Zeitzeugen-Interview, das im Vorfeld jedoch von Schülern gut vorbereitet werden muss, zum Beispiel in Workshops. Dafür muss mehr Zeit eingeplant werden, als im normalen Schulbetrieb möglich ist.

Abb. 2 + 3 Workshop mit Schülern des Gymnasiums Puchheim in Wildbad Kreuth, mit Dr. Stefan Wolle und dem Verfasser 2014

Eine ebenfalls kommunikativere Art des Zeitzeugen-Einsatzes sind Gespräche auf Basis von Fragen, die sich aus dem vorbereitenden Unterricht ergaben. Vom Zeitzeugen erfordert dies ein erhöhtes Maß an Konzentration und Spontaneität, aber auch Flexibilität, weil ja die Grundbotschaft trotzdem vermittelt werden will.

Abb. 4 -6 Vorbereitung ZZ-Gespräche mit Fragezetteln, Klasse und Podium, Schüler und Erwachsene

Eine weitere Variante ist der themengebundene Vortrag an Schulen, zu dem ich eingeladen werde. Dieser findet in der Regel am Abend vor einem größeren Publikum, d.h. Schüler:innen, Lehrer:innen, Eltern und geladenen Gästen statt. Das Niveau kann hier höher gehalten werden, man kann inhaltlich vertiefen, vergleichen, differenzieren und notwendige Schwerpunkte setzen. Für den Zeitzeugen bedeutet dies ein Höchstmaß an Vorbereitung, aber auch ein Höchstmaß an Zufriedenheit, weil ihm ein Forum gegeben wird, das Wertschätzung bedeutet. Man will ihn hören.

Abb. 7-9 Maximilianeum 2015, Luitpold-Gymnasium Wasserburg 2013

http://www.gymnasium-wasserburg.de/de/unterricht/geschichte/projekte/2013welsch/

Der Umfang meiner Zeitzeugen-Einsätze

Meine Erfahrungen und Erlebnisse als Zeitzeuge basieren auf meinen vielfältigen Erfahrungen mit dem DDR-System, beginnend mit der eigenen Bewusstseinsentwicklung in Schule und Gesellschaft, mit Dissidenz und Widerspruch, mit theoretischen und praktischen Lebensperspektiven in einer Diktatur und einer versuchten, letztlich gescheiterten Flucht in den Westen. Das setzte sich fort mit Stasi-Haft, mit Misshandlungen und Folter in vielen Ausprägungen und mit einer langen und grausamen Strafhaft in DDR-Gefängnissen wie Bautzen und Brandenburg. Den Willen zum Widerstand hat das in meinem Fall nur gestärkt. Neben Sabotageakten während meiner Zwangsarbeit in Betrieben des militärisch-industriellen Rüstungskomplexes der DDR gelang es mir, diverse Kassiber über Umwege in den Westen zu schmuggeln. Damit konnte ich Öffentlichkeit, auch internationale Öffentlichkeit herstellen, was letztendlich zu meinem Freikauf in die Bundesrepublik geführt hat.[29]

Meine Zeitzeugentätigkeit begann eigentlich schon an einer hessischen Universität, an der ich nach einer gewissen Rekonvaleszenz ein Studium aufnahm. Es war die Zeit der »Nach-68-iger«, in der ich, quasi automatisch, in Widerspruch zu meinen zumeist weit links orientierten Kommilitonen geriet, die in der DDR eine reale politische Alternative zu erkennen glaubten. Das führte zu erbitterten Diskussionen, die nicht selten in verbalen Gewaltausbrüchen auf mich endeten. Schon damals war mir bewusst, welche

[29] Welsch, Wolfgang, Ich war Staatsfeind Nr. 1. Als Fluchthelfer auf der Todesliste der Stasi, München 2020, S. 178 f

Defizite in der schulischen und wissenschaftlichen Ausbildung der nächsten Generation bestanden. Die DDR war ein Idyll in den Augen derer, die nicht den blassesten Schimmer einer leisesten Ahnung von dem hatten, was dort vor sich ging, die nicht einmal die Mechanismen der Diktatur des NS-Staates begriffen hatten, was zwangsläufig im Negieren des SED-Unrechtsstaates und der Adaption seiner Propaganda endete.
Als die DDR, für viele völlig unverhofft, sogar unverhofft und unerwünscht für Literaturnobelpreisträger, aus sehr einsichtigen Gründen 1989 zusammenbrach und die deutsche Einheit mit dem 3. Oktober 1990 vollzogen war, wurde neuerlich der Wunsch in mir wach, meine Erfahrungen mit der Diktatur vor allem denen zu vermitteln, die als nächste in die Gesellschaft aufbrechen. Denen bis dato an den Schulen und Bildungseinrichtungen aber nur rudimentär geschichtliches Wissen, Erkenntnis und Einsicht über die zweite deutsche Diktatur vermittelt wurde und wird. Aufklärung, Erinnerung und Aufarbeitung als wesentliche Elemente historischer und gesellschaftlicher Bildung bestimmen Art und Umfang meines Einsatzes.
In ca. 190 Schulen, davon 178 Gymnasien und 12 Realschulen, bei einem zugrunde gelegten durchschnittlichen Besuch von 100 Schülern/Vortrag, erreichte ich in 5 Jahren über 14 000 Schüler:innen in folgenden Bundesländern:

Baden-Württemberg	53	Sachsen	03
Bayern	46	Schleswig-Holstein	01
Berlin	16	Thüringen	05
Brandenburg	02	Hessen	10
Mecklenburg-Vorpommern	12	Niedersachsen	09
Nordrhein-Westfalen	10	Rheinland-Pfalz	11
Saarland	01	Sachsen-Anhalt	03

International hielt ich Vorträge in nachfolgend 7 Ländern:

Brasilien	01	Costa Rica	01
Estland	02	Frankreich	03
Österreich	02	Schweiz	23
Spanien	01		

Abb. 10+11 Kantonsschule Reussbühl, Luzern/Schweiz 2019, mit Pressebericht und Schulleitung

22. JAHRGANG

uzerne

Wolfgang Welsch ehemaliger Gefangener der DDR, spricht im Interview über Freiheit.

11

NZEITUNG | Obergrundstrasse 44 | 6002 Luzern

Erfahrungen mit der Organisation von Zeitzeugengesprächen

Alle Autoren, Pädagogen, Didaktiker, Methodiker, sind sich darüber einig, dass ein Zeitzeugengespräch bzw. ein Zeitzeugen-Vortrag sehr gut vorbereitet werden muss. Zunächst muss sich der verantwortliche Lehrer mit dem Referenten beschäftigen und sich über ihn kundig machen. Genauso muss der Referent wissen, an welche Schule, in welche Jahrgangsstufe mit welchen Vorkenntnissen er kommt. »Durch die Abklärung dieser Fragen im Vorfeld wird dem Zeitzeugen eine spezielle Wertschätzung entgegen gebracht«.[30]

Zeitzeugen sind lebende Menschen. Die Emotionen der Zeitzeugen, ihr Leid, ihre Trauer, aber auch Freude und Stolz treten den Zuhörern entgegen. Sie haben nach dem Ereignis, über das sie berichten, weitergelebt. Der Zeitzeuge kann gar nicht verhindern, dass sich die »Folgeerfahrungen« auf die Erinnerung der damaligen Erfahrungen auswirken, vor allem auf deren Einbindung in die Erzählung. Hierin steckt eine besondere Herausforderung für den Zuhörer: Er muss sich bewusst machen, dass zwar nicht das, was war, anders« wird, dass aber die Narration, in der die Erfahrung weiterlebt, sich verändern kann. Das Problem dabei ist: Der Zuhörer kennt nur die Narration und nicht die damalige Situation. Und auch der Zeitzeuge selbst kann die damalige Erfahrung nicht si-

[30] Heuberger, a.a.O., S. 14

cher trennen von den Konstruktionen, die ihm seine Erinnerungen schaffen.[31]

Die Geschichten, die er erinnert, haben eben nie »nur« mit dem vergangenen Ereignis/der damaligen Situation zu tun, sondern immer auch mit den darauf fußenden Erfahrungen. Sie hängen zudem auch mit der Gegenwart und Zukunft zusammen, in der nach der jeweiligen Vergangenheit gefragt wird und für die die Geschichte dieser Vergangenheit erzählt wird. Dabei geht es lange nicht immer um »Geschichtsklitterung« oder gar bewusste Lüge und Manipulation. Es geht um alle Formen von Deutungen und Sinnbildungen, also z.B. um vergangenheitsbezogene Deutungen, die ein Phänomen, eine Entwicklung aus der Zeit heraus« zu erklären versuchen.[32]

Zugleich eröffnen Zeitzeugengespräche aber einen besonderen Zugang zur Vergangenheit. Der lebende Mitmensch gibt Einblick

---

[31] Sehr hilfreich: Schreiber, Waltraud, Zeitzeugengespräche führen und auswerten. Ein Leitfaden für Nicht-Historiker, Eichstätt 2009

[32] Karl-Ernst Jeismann bezeichnet sie als »Sachurteile«. Vgl. u.a. Jeismann, Karl-Ernst: Rem tene –verba sequentur, in: Schreiber, Waltraud/Baumgärtner, Ulrich [Hg.]: Museumskonzeptionen, München [Münchner Geschichtsdidaktisches Kolloquium, Bd. 2] München 1999, S. 9-31. Jeismann, Karl-Ernst: Geschichtsbewusstsein als zentrale Kategorie der Geschichtsdidaktik, in: Schneider, Gerhard [Hg.]: Geschichtsbewusstsein und historisch-politisches Lernen. Pfaffenweiler 1988, S.1-24. Jeismann, Karl-Ernst: Grundfragen des Geschichtsunterrichts, in: Behrmann, Günther C./ Jeismann, Karl-Ernst/Süssmuth, Hans [Hg.]: Geschichte und Politik. Didaktische Grundlegung eines kooperativen Unterrichts, Paderborn 1978, S. 76-107.

in seine konkreten Erfahrungen von damals. Dies verlangt, sich auf den Zeitzeugen einzulassen, ihn als Kommunikationspartner zu verstehen. Das heißt auch, Interesse an der Person und deren Auseinandersetzung mit ihrer eigenen Vergangenheit zu entwickeln und nicht nur an der »Quelle« für damalige Ereignisse.[33]

Je nach Art der Zeitzeugenveranstaltung wird empfohlen, das Thema klar zu definieren, einen Fragenkatalog zu erstellen, technische und organisatorische Fragen zu klären. Für ein Zeitzeugeninterview müssen Dauer des Gesprächs, Art der Fragestellung, Art der Gesprächsführung und die Rolle der Örtlichkeit erörtert und festgelegt werden.[34]

Nach der Veranstaltung sollte der Zeitzeugenbesuch nachbereitet werden, um ein Mindestmaß an Nachhaltigkeit und Sensibilisierung zu erreichen. Möglichkeiten, dies zu tun, gibt es viele: Projektmappe, ppt, Protokoll, Referat, Mindmap u.v.m. Viele Zeitzeugen schätzen auch ein schriftliches Feedback.

Hier einige Beispiele, Mails von Schüler:innen und Lehrer:innen:

---

[33] Ebd.

[34] Schreiber, Waltraud, a.a.O.

14.03. 2011

Sehr geehrter Herr Welsch,

für Ihren Vortrag an unserer Schule möchte ich mich sehr bedanken.

In meiner Facharbeit im Fach Geschichte behandle ich das Thema "Stasi".

Ihr Vortrag war für mich sehr hilfreich.

Ich bin der Auffassung, dass dieses Thema bzw. die Stasi und allgemein die DDR im Lehrplan zu kurz kommen, es aber trotzdem wichtige aber leider auch dunkle Kapitel deutscher Geschichte sind und dass Sie mit ihrem Vortrag wesentlich zur Aufarbeitung dieses Themas beigetragen haben.

Mit freundlichen Grüßen

26.11. 2011

Sehr geehrter Herr Welsch,

nach Ihrem Vortrag haben wir mit unserem Klasslehrer über Diktaturen, speziell die Diktatur in der DDR gesprochen. Wir möchten Ihnen für Ihren Mut, mit dem Sie dem diktatorischen "System DDR" getrotzt haben, hohe Anerkennung zukommen lassen. Ich weiß nicht wie viele Personen der Art es in der DDR gab, ich denke leider zu wenige, die Ihren Willen, Ihre Beharrlichkeit und ein Gewissen wie Sie hatten.

Alles Gute für Ihren weiteren Lebensweg.

Mit vielen Grüßen

23.05. 2012

Grüezi Herr Welsch

Gestern hatten wir eine Kollegiumsbesprechung. Nicht nur die Fachlehrer waren von Ihrem Vortrag mitgenommen aber auch begeistert. Die Schüler sind hier etwas langsamer als in Deutschland, in der Auffassung jedoch gleich. So etwas hatten sie und wir an unserer Kantonsschule noch nie erlebt.

Wir alle sind zutiefst beeindruckt. Die Machenschaften der DDR stimmen einen bedenklich.

Was Sie erleben mussten ist schlicht grausam und menschlich unvorstellbar.

Mit viel Durchhaltewillen haben Sie es geschafft, überlebt und uns davon berichtet. Dazu möchte Ihnen gerne herzlich gratulieren. Auf das nötige Quentchen Glück haben Sie ebenfalls gezählt.

Sie haben es sich wahrlich verdient. Mir als Fachlehrer Geschichte und den knapp 180 Schülern des Jahrgangs haben Sie eine völlig neue, intensive und realistische Sicht auf die DDR vermittelt. Ich werde mich weiter in das Thema vertiefen. Herzlichen Dank für Ihren Vortrag.

Herzliche Grüße aus der Schweiz

19.02. 2013

Sehr geehrter Herr Welsch,

ich möchte mich - auch im Namen meiner Klasse - bei Ihnen für Ihre Menschlichkeit, Ihren Mut, Ihre Geradlinigkeit und Ihren Kampf gegen dieses brutale und menschenverachtende DDR-

System bedanken. Kein Vortrag während meiner gesamten Schulzeit hat mich so beeindruckt wie Ihrer. Daran konnte auch die lange und nervende Durchsage zur Unzeit nichts ändern. Sie verstehen es wie kein anderer die Schüler mitzunehmen, in die Geschichte einzutauchen, sie erlebbar zu machen, selbst zu leiden und sich freuen.

Sehr beeindruckt hat mich, dass Sie in der Lage waren, ihrem potentiellen Mörder zu vergeben. Das Thema der Vergebung ist in christlichen Kreisen vordergründig immer präsent, aber wenn's konkret wird, sieht die Sache meist ganz anders aus.

Auch dafür meine uneingeschränkte Hochachtung.

Von Herzen alles Gute

09.05. 2016

Hallo Herr Welsch,

vielen Dank für Ihren Vortrag an meiner Schule. Obwohl ich mich für relativ gut informiert über die Verbrechen des DDR-Regimes hielt, stockte mir bei Teilen Ihrer Ausführungen zur Folter im Stasi-Gefängnis der Atem. Die Lehre die ich daraus ziehe ist: was die Stasi Ihnen angetan hat, hat sie bei anderen politischen Gefangenen auch getan. Schon am Beispiel dieser Verbrechen ist jeder

Versuch, die DDR nostalgisch verklären zu wollen geradezu irrsinnig.

Ich wollte Ihnen nur einmal sagen, dass ich Ihre Aufklärungsarbeit unglaublich wichtig finde und Sie für einen beeindruckend starken Menschen halte. Danke, dass Sie zwischen den vielen "Heute erinnern wir uns mal an die schöne Zeit in der DDR"- TV-Shows den Menschen vor Augen führen, wie es wirklich war und welchen Horror jene durchleben mussten, die ihr Leben nicht von der Staatsführung bestimmen lassen wollten.

Mit herzlichen Grüßen

25.06. 2016

Sehr geehrter Herr Welsch,

Die Geschichte der DDR hat mich seit dem Mauerfall sehr interessiert und ich kann es bis heute immer noch nicht begreifen, was in diesem Staat an menschenverachtenden Machenschaften möglich war. Sie haben das eindringlich und im Kontext zum Machtanspruch der Staatspartei SED gestellt. Deshalb hat mich Ihr Vortrag auch so beeindruckt. Ihr Mut, Ihr Durchhaltevermögen und Ihre Gradlinigkeit sind für mich beispiellos eindrücklich und ich gratuliere Ihnen von ganzem Herzen, dass Sie alles so durchgestanden haben. Ich kann nicht verstehen, warum die Bürgerrechtler nie von den Verbrechen der DDR berichtet haben, von den Menschenjägern und Verächtern der Freiheit? Wo haben die gelebt? Diese Frage beschäftigt mich schon seit Jahren wenn ich lese, dass sie die DDR beseitigt hätten. Ich wünsche Ihnen gute Gesundheit, schöne Momente und dass Sie glücklich sind.

Sehr herzliche Grüße

08.07. 2017

Sehr geehrter Herr Welsch,

ich besuche die 11. Jahrgangsstufe des XXX Gymnasiums XXX und durfte gestern ihrem Vortrag bei uns beiwohnen. Ich möchte mich recht herzlich bei Ihnen bedanken, dass Sie uns allen und besonders mir anhand Ihrer Vita die Gelegenheit gegeben haben aus erster Hand zu erfahren, wie die DDR und die "Stasi" tatsächlich agiert haben und wie grausam und vor allem hinterlistig letztere ihre Ziele verfolgt hat. Ihr Vortrag hat mich zutiefst beeindruckt, er hat zum Nachdenken angeregt und vor allem hat er dafür gesorgt, dass ich mich mit der Thematik nun weiter befassen möchte.

Ich habe mich letztes Jahr für das "Wissenschaftliche-Seminar" im Fach Geschichte entschieden, welches unter der Überschrift

"Deutschland im Film von 1949 bis heute" läuft und mich bis zu meinem Abitur begleiten wird.

Da Sie mir mit Ihrem Vortrag gestern stark imponiert haben, möchte ich den auf ihrem Buch "Ich war Staatsfeind NR.1" basierenden Film "Der Stich des Skorpion" als Thema für meine Facharbeit vorschlagen. Sofern meinem Antrag stattgegeben wird, wäre es mir eine Ehre erneut auf Sie zurückkommen zu dürfen.

Vielen Dank für Ihren hochinteressanten Vortrag und beste Grüße

08.09. 2018

Sehr geehrter Herr Welsch,

Selten hat mich ein Vortrag so beeindruckt wie Ihrer.

Von meinen Eltern hatte ich schon von der Existenz der Stasigefängnisse erfahren, allerdings ohne detailliertes Wissen um die dortigen Zustände. Beeindruckt hat mich an Ihrem Vortrag, mit welcher inneren Stärke Sie bei der Staatsicherheit in den Verhören und Demütigungen auf Ihr Grund- und Menschenrecht bestanden. Sie haben trotz psychischer und physischer Folter dem System nicht nachgegeben.

Für mich ist Ihr Vortrag weit mehr als nur ein Abriss jüngerer dtsch. Geschichte. Zeigt er doch vor allem eines, das man widerstehen konnte ohne zwanghaft von Sozialismus zu faseln oder die Sozialisation bemühen, was Bürgerrechtler bis heute tun. Meine Hochachtung, auch in dem Wissen, dass dazu nur die Wenigsten in der Lage sind. Spannend und sehr solidarisch mit Menschen in Not fand ich, dass Sie nach Ihrem Freikauf nicht ein bürgerliches Leben in der Bundesrepublik begonnen haben, sondern Ihre Kraft und Wissen als Fluchthelfer eingesetzt haben. Sie haben sich wirklich verdient gemacht.

Ich danke, dass ich diesen Vortrag hören konnte.

Mit besten Grüßen

12.11. 2019

Sehr geehrter Herr Welsch,

mit großem Interesse hörte ich Ihren Vortrag.

Auf diesem Weg möchte ich Ihnen meine Dankbarkeit für diesen spannenden, erkenntnisreichen und persönlichen Vortrag mitteilen. Nicht nur für mich steht fest, dass Sie tatsächlich ein Held der Menschlichkeit sind und in ihrer Aufopferungsbereitschaft eine Vorbildrolle für zukünftige Generationen einnehmen können.

Ihnen das zu schreiben, ist mir auch ein persönliches Anliegen.

Die Eindringlichkeit, mit der Sie die Mechanismen und Wirkungsrealitäten des sozialistischen Staatsapparates (vor allem während Ihrer Inhaftierung in Pankow, Brandenburg und Bautzen) beschreiben, ist unübertroffen und kann und sollte auch für zukünftige Generationen ein Mahnmal sein. Man stellt sich doch unweigerlich die Frage: wie würde ich das händeln im Angesicht von staatlicher Repression? Würde ich ebenfalls den Mut haben, meine Überzeugungen auszusprechen in Gewissheit darauf folgender Misshandlungen?

Darüber sprachen wir in den nachfolgenden Unterrichtsstunden. Sie haben unser Wissen nicht nur geschichtlich sondern auch menschlich sehr bereichert. Vielen Dank dafür. Beste Grüße

Diese exemplarischen Beispiele machen zumindest eines deutlich: Die Vorträge kamen an, wurden rezipiert und lassen eine gewisse Nachhaltigkeit vermuten. In der Realität sieht die Vorbereitung an Schulen jedoch anders aus. Es gibt schon bei der Kontaktaufnahme und den Vorgesprächen enorme Defizite, die sich dann vor Ort hinsichtlich des Umgangs und der Organisation fortsetzen.

In der Regel werde ich von der anfragenden Schule bzw. dem organisierenden Lehrer direkt angeschrieben oder ich bekomme die Anfrage vom Zeitzeugenbüro. Häufig ist es so, dass zwar eine Anfrage kommt, die dann im Laufe der Zeit im Sande verläuft, weil sie von dem betreffenden Lehrer nicht weiter verfolgt wird. Damit wird eine verlässliche Terminplanung für beide Seiten erschwert.

Dazu kommt, dass die meisten Schulen bzw. Lehrer*innen auf die Themen Unrechtstaat DDR, MfS, Diktatur, Gewaltherrschaft, Widerstand, politische Gefangene, Alltagsleben etc. pp. inhaltlich nur unzureichend vorbereitet sind. Zumeist sind es interessierte und motivierte Fachlehrer*innen, die den schmalen, theoretischen Lehrstoff durch einen Zeitzeugen transparent und inhaltlich begreifbar machen wollen. Gelegentlich, vor allem in Bayern, Baden-Württemberg und Hessen, kommen die Initiativen hierzu auch von Schülern, zumeist der 11. und 12. Klassen. Etwa zwei Drittel der von mir besuchten Schulen bzw. Klassen, hatten bereits die Gedenkstätte Berlin-Hohenschönhausen besucht, die ehemalige zentrale Untersuchungshaftanstalt des Ministeriums für Staatssicherheit.

Hierbei ist ein starkes Gefälle zwischen Schulen der neuen und denen der alten Bundesländer zu konstatieren. Dem entsprechen in etwa die technisch-organisatorischen Vorbereitungen. Die werden dezidiert schriftlich (Mails) oder per Telefon verabredet. Dabei mache ich deutlich, welche technischen Hilfsmittel vorgehalten werden müssen, z.B. Beamer, Leinwand, Ton (für Film-Sequenzen in der PPT) und in den meisten Fällen Mikrofon. Dazu ein Wasser. Es wird vereinbart, wer die Vorstellung und Einführung in das Thema übernimmt. Beides wird zugesagt, letztlich aber selten ernst genommen. Man glaubt, das könne am Tag der Veranstaltung immer noch geleistet werden. Ein fataler Fehler, der sich nicht selten in fehlendem Ton oder anderen technischen Mängeln zeigt und auf ebendiese mangelhafte oder fehlende Vorbereitung schließen lässt.

Von einer kurzen thematischen Einführung wird zu ca. 70-80 % Abstand genommen. Zeitmangel, Unterricht und sicher auch fehlendes Detailwissen zum Thema wird auf diese Weise verdeckt.

Meist ergreift ein(e) Fachlehrer:in vor Beginn kurz das Wort, stellt den Zeitzeugen namentlich vor. Das war's. Dabei gehen auch die Kenntnisse der Lehrer:innen zum Thema »DDR« von rudimentär bis fundiert. Das erkennt man zum einen an den Fragestellungen vorab, an der mangelnden Initiative, die Schüler*innen zur Diskussion und zum Nachfragen zu ermutigen, aber auch an manchem Selbstouting von Lehrer:innen. Auch Nachfragen von Lehrer*innen sind eher selten. Zum Teil übergeben Lehrer:innen die Verantwortung für das Gelingen dem Zeitzeugen, sorgen für Ruhe, Disziplin und Pünktlichkeit. Sie achten zwar darauf, dass der Vortrag nicht unterbrochen wird, unterbrechen aber selbst mit Zeitansagen. Das ist insofern überflüssig, als der Zeitzeuge seinen Vortrag unter Einbeziehung der zuvor vereinbarten Zeitvorgabe strukturiert und sich daran in der Regel auch hält.

Ärgerlich sind die organisatorischen Ansagen der Schulleitung durch die Schullautsprecher, die wiederholt, manchmal sogar in epischer Breite, den Vortrag massiv stören und sowohl den Zeitzeugen als auch die Schüler*innen ablenken. Auch hier könnten die verantwortlichen Lehrer:innen im Vorfeld dafür sorgen, dass diese Art der Information für die Zeit des Zeitzeugen-Vortrags unterbleibt und die Klassen entweder vorher oder eben später informiert werden. Während dieser Veranstaltungen sollten Durchsagen auf Notfälle beschränkt sein. Auch diese, scheinbar unwichtigen, Details gehören zur Wertschätzung des Zeitzeugen.

Ob Unvermögen, Desinteresse oder einfach nur Gleichgültigkeit, in den meisten Fällen eines Zeitzeugenbesuches in Schulen musste ich mich selbst im Sekretariat anmelden und in der Regel warten, bis der Fachlehrer aus dem Unterricht kommt und mich zum Veranstaltungsort begleitet. Für einen Zeitzeugen, der zumeist eine längere Anreise hinter sich hat, ein eher frustrierendes Erlebnis. In vielen Fällen haben sich die Fachlehrer*innen über den Zeitzeugen nur unzureichend oder gar nicht informiert.

Der Mangel an Wertschätzung beginnt häufig damit, dass niemand den ankommenden Zeitzeugen empfängt. Die Gründe sind vielschichtig. Oft sind Lehrer*innen noch im Unterricht und niemand hat sie über die Ankunft informiert, vielleicht glaubt man auch, der Zeitzeuge wird den Veranstaltungsort schon allein finden. Man vergisst aber, weiß nicht oder blendet aus, dass es sich bei Zeitzeugen zu DDR –Themen zumeist um genuine Opfer der Diktatur handelt. Ob mit oder ohne akademischen Hintergrund ist dabei sekundär. Es sind i.d.R. verdienstvolle Persönlichkeiten, zum Teil mit hohen staatlichen oder institutionellen Ehrungen bedacht, in jedem Fall aber traumatisierte Menschen, denen man mit Respekt begegnen sollte.

Es gibt aber auch positive Beispiele, die ich ebenso erwähnen möchte, wo sich an dieser oder jener Schule im Vorfeld eines Zeitzeugen-Besuches, teils auf Initiative von Fachlehrer*innen, Arbeitsgruppen von Schüler:innen gebildet haben. Die sich explizit zum Thema vorbereiten, z.B. mein Buch »Ich war Staatsfeind Nr.1« lesen, gelegentlich die darauf basierende TV-Spielfilm Version »Der Stich des Skorpion« gesehen haben, darüber diskutieren und aufkommende Fragen in einem Fragenkatalog aufnehmen, der später im Dialog mit dem Zeitzeugen abgearbeitet werden kann.

Mein Spezialthema zum allgemeinen Thema »Unrechtsstaat DDR« ist der Widerstand gegen das SED-Regime mit allen seinen Facetten, die Verfolgung Andersdenkender und Widerständler sowie Menschenrechtsverletzungen und Opfer des Ministeriums für Staatssicherheit. Zeitzeugen dieser Art sollte man nicht wie Aushilfslehrer im Fach Geschichte behandeln, sondern als verdienstvolle Persönlichkeiten wertschätzen.

Die auffallend zunehmenden Unzulänglichkeiten bei der Organisation und beim Umgang mit Zeitzeugen, vornehmlich an Schulen/Gymnasien, liegen möglicherweise daran, dass es einerseits vielen jungen Kolleg:innen an Erfahrung mangelt, andererseits aber auch an der notwendigen Empathie. Hinterher höre ich immer wieder, wenn es organisatorische u.a. Probleme gab, »man hätte das nicht gewusst oder nicht bedacht«.

Wünschenswert wäre es, wenn eine Terminvereinbarung mindestens zwei Monate im Voraus erfolgt; so können beide Seiten verlässlich planen und sich vorbereiten. Manche Lehrer scheinen der Meinung zu sein, dass Zeitzeugen ab sofort zur Verfügung stehen können.

Zur verlässlichen Planung gehört auch die technische Vorbereitung. Für meine Vorträge benötige ich in der Regel einen Beamer, einen Ton bzw. ein White-Board, Laptop und ein Mikrofon. In zahlreichen Fällen musste ich erleben, dass man mir die entsprechende technische Ausstattung zusagte, die aber bei meiner Ankunft nichts vorbereitet war: weder Beamer noch Ton liefen, in Extremfällen war auch die Bestuhlung nicht vorhanden. Wertvolle Vortragszeit geht mit solchen Nachlässigkeiten verloren, weil die Vorbereitung erst just in time vorgenommen werden muss. Schulen haben oft das Problem, dass die betreuenden Lehrer*innen im Vorfeld nicht einmal eine Stunde für die Vorbereitung freigestellt werden, sondern von ihrem laufenden Unterricht in einen Vortragsraum hetzen müssen. Manche Lehrer:innen werden von Kollegen, der Schulleitung oder beiden bei ihrer Vorbereitung auch völlig alleine gelassen und müssen alles ohne Hilfe stemmen: Wertschätzung für den vortragenden Zeitzeugen sieht anders aus.

Welchen Stellenwert ein Zeitzeuge genießt, wird schon bei der Begrüßung offenkundig. Wie oben erwähnt, muss man sich wie ein Bittsteller im Sekretariat melden und dann draußen warten.

Wird man von betreuenden Lehrer*innen empfangen, wird mit dem Schulleiter/Leiterin ein vorbereitendes Kennenlern-Gespräch geführt? Hält der Schulleiter/Leiterin eine Einführungsrede? Werden Geschichtslehrer*innen bzw. interessierte Lehrer*innen für den Vortrag freigestellt? Wie ist die Resonanz im restlichen Kollegium? Welche Aufmerksamkeit generiert der Zeitzeuge? Wurde die Presse informiert?

In einem Extremfall im Norden Deutschlands stand nicht mal ein Lehrer zur Verfügung, sondern ich musste mit den Schüler:innen selbst in einem Raum für die Bestuhlung sorgen. Die Umstände unter denen das stattfand empfand ich als Mobbing – Das war es auch.

In diesem Gymnasium in Mecklenburg-Vorpommern stand ich 10 Minuten vor Veranstaltungsbeginn, vor der verschlossenen Türe eines externen Kultursaales, in dem mein Vortrag stattfinden sollte. Mit mir warteten zugleich etwa 80 Schüler:innen. Ein Lehrer oder Verantwortlicher war nicht zu sehen. Ein von mir beauftragter Schüler holte den Hausmeister, der den Saal aufschloss. Entgegen der zuvor getroffenen Vereinbarung über die organisatorische Vorbereitung, war der Saal weder bestuhlt, noch waren die technischen Voraussetzungen für eine begleitende Powerpoint-Präsentation vorhanden. Die Stühle waren am Rand des Saales aufgetürmt. Auf meinen Vorschlag begannen die Schüler:innen den Saal zu bestuhlen, wobei ich ihnen half. Ein Tisch, auf dem ich meine Materialien ablegen konnte und ein Stuhl bildeten eine Art Lehrerpult für Frontalunterricht. Nachdem auf diese Weise 20

Minuten von der Zeit meines Vortrages beansprucht worden waren, ein Lehrer noch immer nicht in Sicht war, begann ich meinen Vortrag, ohne begleitende Powerpoint-Präsentation. Ich bedankte mich bei den Schüler:innen für ihre Hilfe, die sich ihrerseits die Abwesenheit der Fachlehrer*innen nicht erklären konnten.

Offensichtlich wurde ich gemobbt, war meine Anwesenheit trotz aller zuvor getroffenen Absprachen nicht erwünscht. Im Verlauf meines Vortrags erschien zunächst ein einzelner Lehrer an der offenen Türe, dem wenig später weitere folgten. Sie nahmen sich Stühle, setzten sich in die letzte Reihe und verfolgten ohne weiteres meinen Vortrag, den ich nach insgesamt 90 Minuten, mit sehr aufmerksamen Schüler:innen ohne Störung, beendete.

Während die Schüler:innen den Saal verließen, kamen einige der Lehrer nach vorne. Der Fachlehrer stellte sich vor. Die Situation war ihm sichtlich peinlich. Die Erklärung die er gab lässt sich wie folgt zusammenfassen: Im Vorfeld meines erwarteten Besuches sprach dieser Lehrer darüber mit seinen Kollegen. Daraufhin schlug ihm Ablehnung und Misstrauen entgegen das darin gipfelte, dass man ihm zu verstehen gab, keine Westdeutschen zu brauchen, die ihnen und den Schüler:innen die DDR erklärten, in der sie aufgewachsen waren. Dieser Fachlehrer sollte meinen Besuch ignorieren, woraufhin, so hoffte man, ich unverrichteter Dinge wieder abreisen würde. Nun hatte er aber im Verlauf meines Vortrags (der trotz der Umstände zustande kam) gehört, dass ich aus Ostberlin stamme, wegen meiner politischen Aktivitäten gegen das SED-Regime viele Jahre in DDR-Gefängnissen in Haft war, dort misshandelt, später freigekauft wurde, vom Westen aus Fluchthilfe für verfolgte DDR-Bürger organisierte und mich seit dem Sturz der Diktatur in der Aufklärung und Aufarbeitung engagiere. Das alles hätte er nicht gewusst, sei deshalb beschämt und möchte sich für sein Verhalten bei mir ausdrücklich entschuldigen. Das würde er auch gegenüber seinen Schüler:innen tun. Das mit dem vorhergehenden Mobbing verbundene Fehlen der Aufsicht erwähnte er nicht.

Bei großen Entfernungen wird eine Hotelübernachtung nötig. Schön wäre es, wenn dieses Hotel wohl ausgesucht wird, keinen Jugendherbergscharakter hat und sich in der Nähe der Schule befindet. Auch hierbei sind Absprachen nötig: Wie kommt man als Referent an den Vortragsort? Wird man abgeholt und zurückgebracht? Gibt es gegebenenfalls einen Parkplatz? Führt man ein inhaltliches Vorgespräch? Wird der Vortrag mit dem Betreuungslehrer nachbereitet? All dies erfordert Absprachen im Vorfeld, die leider oft nicht stattfinden und Unsicherheit hinterlassen.

Hier ein weiteres Negativbeispiel.

Ausgerechnet in Bayerns Hauptstadt, in der ich üblicherweise überaus gastfreundlich von den Schulleitern verschiedener Gymnasien empfangen wurde, wo Organisation und technisches Equipment beispielhaft vorbereitet sind und die Diskussion mit den zumeist ebenso vorbereiteten Schüler:innen erfreulich ist, hatte ich eine Schulveranstaltung mit ca. 100 Schüler:innen in einem für die Schule angemieteten externen Saal. Die lief zwar weniger krass wie im zuvor geschilderten Beispiel ab, war aber gleichwohl desaströs. Bereits die von der Schule organisierte Unterbringung in einem Hotel ließ deutlich zu wünschen übrig.

Trotz vorheriger genauer Absprachen mit der zuständigen Fachlehrerin, waren bei meinem Eintreffen weder Pult, Beamer, Leinwand noch Mikro vorhanden und mussten ad hoc durch den herbeigerufenen Hausmeister beschafft werden. Zwanzig Minuten der Vortragszeit vergingen mit technischen Proben. Die Installation konnte trotzdem nur in Teilen hergestellt werden. Einführung und Vorstellung des Zeitzeugen fand nicht statt. Die Schüler:innen dieses Gymnasiums waren auffallend unruhig, schienen desinteressiert und mit dem Thema nicht bekannt. Die auch sonst nicht sehr mitteilsame Fachlehrerin musste während des Vortrages aus disziplinarischen Gründen mehrmals eingreifen, indem sie durch die Stuhlreihen lief, einige Schüler:innen ermahnte und dadurch meinen Vortrag empfindlich störte.

Im Zentrum eines Zeitzeugenbesuchs steht natürlich der Vortrag. Auch hier sollte im Vorfeld geklärt werden, was erwartet wird: Gespräch, Vortrag, Präsentation, Interview o.ä. Vorkenntnisse, Vorlieben und Besonderheiten von Schule und Schülern müssen besprochen werden. Dies erfordert eine vorausschauende Kommunikation, die leider nicht oft stattfindet. Es scheint, als seien sich manche Lehrer:innen nicht darüber im Klaren, welch persönliche, physisch und psychische Belastung ein solcher Vortrag für den Zeitzeugen mit sich bringen kann. Extremsituationen wie physische Folter und psychische Zersetzungsmaßnahmen lassen sich nicht professionell abspulen, sondern belasten ganzheitlich. Umso besser und intensiver muss ein Schulbesuch seitens der Schule vorbereitet werden.

In einem weiteren Fall war ich auf Einladung einer Realschule in Hessen. Nach meinem Eintreffen und der obligaten Anmeldung im Sekretariat, ging ich zum beschriebenen Klassenzimmer. Hier empfing mich zunächst ein ohrenbetäubender Lärm. Als ich den Raum schon wieder verlassen wollte, näherte sich eine junge Lehrerin und erkundigte sich, ob ich wohl der Zeitzeuge sei. Nachdem ich das bestätigt hatte erklärte sie mir, dass die ursprünglich anwesende 10. Klasse sich aus organisatorischen Gründen im Unterricht befinden würde. Als Ersatz habe sie aber eine 8. Klasse organisiert (!). Leider könne sie selbst an der Veranstaltung nicht teilnehmen, weil sie in den eigenen Unterricht müsste. Danach verschwand sie. Die anschließende Veranstaltung mit gänzlich unvorbereiteten und desinteressierten vierzehnjährigen Kindern war wohl das negativste aller negativen Beispiele. Abgesehen davon, dass die Aufsicht auch hier völlig fehlte.

Mit allen Schulen werden rechtzeitig vorab schriftliche Abreden über Bezahlung, Unterbringung. inklusive technisches Equipment getroffen. Oftmals kümmert sich darum bis zum Tag der Veranstaltung niemand. Alles geschieht erst nach Ankunft des Zeitzeugen und in letzter Minute, d.h. die Vorbereitung ist schlecht.

Hauptaufgabe der betreuenden Lehrer*innen ist die inhaltliche Vor- und Nachbereitung des Zeitzeugenbesuchs. Nicht umsonst wird in der pädagogisch-wissenschaftlichen Literatur gerade dieses Thema in den Mittelpunkt von Oral History gestellt. In der Praxis sieht es damit ziemlich durchwachsen aus.

Gymnasial-Klassen haben in der Regel kaum Vorkenntnisse, was aufgrund der Lehrplansituation nicht verwunderlich ist. Gerade solche Klassen müssen über Spannung, in meinem Fall die auf mich geplanten und durchgeführten Mordanschläge, gepackt und motiviert werden. Wissenschaftlichkeit und historische Differenzierung würden hier zunächst eher kontraproduktiv wirken. Erst gegen Ende des Vortrags kann man die historische Einbettung wagen und ein Urteil der Schüler*innen abverlangen. Oft müssen aber während des Vortrags einfache Begriffe, Namen wie Honecker und Fremdwörter erklärt werden, bis hin zu Abkürzungen wie SED und MfS. Hier stellt sich schon die Frage, ob ohne grundlegende Kenntnisse ein Zeitzeugenbesuch eingeplant werden sollte. Der Zeitzeuge sollte mit seinem Vortrag dem Lehrer*in nicht die eigentliche Arbeit abnehmen, sondern sollte diese ergänzen, vertiefen und deuten. Leider ist es manchmal umgekehrt. Schlimmstenfalls übernimmt er sogar auch noch die disziplinarische Verantwortung.

In den Oberstufenklassen stellt sich die Situation etwas anders dar, denn aufgrund des reiferen Alters kann erstens mehr Aufmerksamkeit und Interesse erwartet werden wie zweitens auch mehr Verständnis und Problembewusstsein. Trotzdem sind Erfolg oder Misserfolg erheblich abhängig von der fachpädagogischen Einstimmung durch die Geschichtslehrer*innen.

Leider kommt es vor, dass der Zeitzeuge nahtlos in den Unterrichtsalltag und in den Vormittag mit all seinen Zwängen eingebaut wird – und er darf keine Minute überziehen, wie auch das vorgeschilderte Münchner Beispiel zeigt. Von den anderen Kollegen, deren Unterricht sehr zu deren Missfallen ausfällt oder die zur Aufsicht abkommandiert werden, wird der Zeitzeuge als Störung empfunden und nicht als Bereicherung. Genauso schnell wird er dann nach Ende der Veranstaltung hinauskomplimentiert. Wertschätzung sieht auch hierbei anders aus.

Wenn man über die Vorkenntnisse der Schüler:innen spricht, müssen auch die Vorkenntnisse der Lehrer:innen thematisiert werden. Auch hier ist die Bandbreite groß; manche Lehrer:innen haben sich von vorneherein geoutet, indem sie bekannten, dass sie über die DDR nichts wüssten. Andere wiederum erwiesen sich als fachkundig – je nach Interesse. Problematisch wird dies, wenn dann auch nach Interesse unterrichtet wird.

Ersichtlich werden das Interesse und das Problembewusstsein bei den Fragen, die im Anschluss an meine Vorträge gestellt werden. Dabei halten sich manche Lehrer:innen auffällig vornehm zurück. Meist werden immer wieder die gleichen Fragen, oft auch persönliche, gestellt. Eher selten werden meine Einlassungen zu Opposition und Widerstand kommentiert oder nachgefragt. Auch meine kritischen Äußerungen hinsichtlich der sogenannten Friedlichen Revolution werden übergangen; Diskussionen darüber gibt es selten. Wenn ich den Wende-Begriff kritisiere, wird dies zwar akzeptiert, aber als Marotte abgetan. Problembewusstsein sieht anders aus.

Dass Zeitzeugenbesuche auch anders gehen, zeigen folgende Beispiele:

Als beispielhaft für Vorbereitung, auch thematische Vorbereitung der Schüler:innen, Absprachentreue, Bereitstellung des technischen Equipments und Wertschätzung des Zeitzeugen, seien hier das Stiftland-Gymnasium Tirschenreuth, das Oskar-von-Miller-Gymnasium München, das St. Gertrudis–Mädchen-Gymnasium Ellwangen sowie das Goldberg-Gymnasium Sindelfingen stellvertretend für andere Gymnasien erwähnt.

Diese Gymnasien sind für Zeitzeugen deshalb einer besonderen Erwähnung wert, weil Schüler:innen und Fachbetreuung überdurchschnittlich informiert und motiviert sind. Die wechselnden Zeitzeugen werden individuell vorbereitet und wertschätzend empfangen und untergebracht. Die Diskussions- und Gesprächskultur macht durch gezieltes Nachfragen, eigenen Überlegungen und interessanten Beiträgen deutlich, dass sie die Bedeutung des vorgestellten Themas rezipiert hat. Dazu gehören selbstverständlich auch andere Gymnasien, die ich hier nicht explizit erwähnt habe.

Charakteristika und Schwerpunkt meiner ZZ-Vorträge

Wie oben erwähnt, basieren meine Vorträge und Zeitzeugengespräche auf meiner einzigartigen Biographie, in der die Stasi mich mit drei Mordanschlägen verfolgte. Damit ist aber meine Geschichte nicht zu Ende, denn nach der Aktenöffnung offenbarte sich ein unglaubliches Verhalten der deutschen Justiz, die mir bzw. meinen Anschuldigungen nicht glaubte[35] – so lange, bis sie bewiesen wurden. Wir alle wissen, dass Justiz blind ist. Nur wenige wissen, dass sie auch taub ist. Doch damit nicht genug: In meinen Vorträgen thematisiere ich verschiedene »heiße Eisen«, die aufgrund des vorherrschenden Mainstreams kaum zur Sprache kommen: Der Widerstand –im Unterschied zur sogenannten Opposition– als Gewissensentscheidung stand im Mittelpunkt meiner Fluchthilfe-Aktionen.[36] Noch immer werden die Montagsdemonstrationen bzw. das Handeln der Bürgerrechtler verantwortlich gemacht für das Ende der DDR, obwohl selbst beteiligte Bürgerrechtler diese als marginal einschätzen.[37] Das kommt in dem Begriff »Friedliche Revolution« zum Ausdruck, den sich die Bürgerrechtler ausdrücklich als »ihr« Verdienst an ihre 'Fahnen' heften.

Dem entgegen stelle ich die Flucht- und Ausreisebewegung und letztlich die Montagsdemonstration in Leipzig im Herbst 1989

[35] Als ob der (Un-)Glaube eine juristische Kategorie wäre

[36] Welsch, Wolfgang, Ich war Staatsfeind Nr. 1, München 2015, vgl. auch Widerstand [...] Berlin 2021

[37] Vera Lengsfeld und Marianne Birthler halten die »paar Hanseln« für maßlos überschätzt.

als entscheidende Ursache für den Zusammenbruch dar. Das »Volk der DDR« hatte sich von Anfang an nicht mit der unsichtbaren sogenannten Opposition solidarisiert, sondern folgte seinem Drang nach Freiheit. Wissenschaftlich unumstritten sind die Grundlinien, die zum Ende der DDR geführt haben:

Die Rolle Gorbatschows, der unfreiwillig den Sozialismus aufgab, indem er ihn reformieren wollte; das Versagen des sozialistischen Wirtschaftssystems und damit auch das Bröckeln der ideologischen Grundlagen; die massenhafte Flucht- und Ausreisewelle und schließlich der Massenprotest, ausgelöst durch den nicht mehr zu bremsenden Freiheitswillen der Menschen. Die Bürgerrechtler waren nur anfangs ein Teil der Massen, bis sie sich später von ihnen entfernten. In den meisten Schulbüchern jedoch findet man die von namhaften Bürgerrechtlern formulierten Mainstream-Thesen, die von Pfarrern, Reform-Sozialisten und Teilnehmern des Runden Tisches bis heute medienwirksam in Szene gesetzt werden. Dem widerspreche ich grundsätzlich.[38]

[38] Vgl. dazu meinen Textbeitrag »Der Mythos von der friedlichen Revolution«

Schlussbemerkung

»Nur ein toter Zeitzeuge, ist ein guter Zeitzeuge« oder, der Zeitzeuge als Feind des Historikers – das sind gängige Historiker-Klischees. Aber Historiker brauchen Zeitzeugen; auch auf ihren Berichten, Befunden und Einschätzungen beruht ihre Arbeit. Zeitzeugen brauchen Historiker eigentlich nicht – sie stehen für sich! Im Idealfall ergänzen sie sich, sodass man allen Geschichtsinteressierten gerecht werden kann; durch die Analyse von Machtstrukturen, durch Vergleiche und Längsschnitte einerseits und durch Individualisierung und Subjektivierung andererseits – am Ende ein fruchtbarer Dialog. Letztendlich steht der Mensch im Mittelpunkt der Geschichte – und nicht eine anonyme Macht. Geschichte wird von Menschen für Menschen, manchmal auch gegen Menschen gemacht; manchmal besser, manchmal schlechter. Im letzten Fall, bezogen auf die beiden deutschen Diktaturen, heißt dies:

»Je besser wir die Diktatur begreifen, desto besser können wir Demokratie gestalten«, so Roland Jahn, letzter Chef der Stasiunterlagenbehörde BStU.

Und zum besseren Begreifen der DDR-Diktatur und deren Sturz ist ganz einfach ein unverstellter Blick nötig auf das Verhalten der politischen Akteure nach dem Mauerfall. An der Zusammensetzung des Zentralen Runden Tisches, seiner »Legitimation« und seiner Ziele ist ersichtlich, dass es den einen um den Machterhalt ging und den anderen um Machtgewinn im Namen von Reformabsichten. Niemals gewählt oder entsandt, sondern selbsternannt, waren sie niemals Sprachrohr des Volkes. Ihre späte Berufung erklärten sie mit ihrer sozialistischen Erziehung und dem Glauben an das Wahre und Gute, das der sozialistischen Ideologie angeblich immanent sei.

Am 5. Februar 1990 nahm der Vorsitzende des Ministerrats der DDR, Modrow (SED/PDS), ein Angehöriger der Nomenklatura der gestürzten Diktatur, Vertreter der reformsozialistischen Gruppierungen des Zentralen Runden Tisches als Minister ohne Geschäftsbereich in seine, noch durch keine freie Wahl legitimierte Regierung auf. Das dadurch bis 12. April gleichen Jahres »entlastete« SED-Regime, das sich nunmehr heuchlerisch »Regierung der nationalen Verantwortung« nannte, absentierte sich vor seiner Verantwortung für den jahrzehntelangen Terror. Es konnte sich über diesen recht glimpflichen Ausgang des Endes ihrer Gewaltherrschaft durch Beteiligung der Reformsozialisten/Oppositionellen an der Macht freuen, die den alten Machteliten die Legitimität verschafften, ob sie das wollten oder nicht.

In Wirklichkeit diente die Teilhabe an der Macht des sich auflösenden SED-Regimes durch oppositionell-reformsozialistische Gruppierungen als Camouflage eines grausamen Regimes. So wurde die Geschichte von der friedlichen Revolution und deren Protagonisten in die Welt gesetzt, die der Mainstream bis in die jüngste Zeit kolportiert.

Vortrag I: Der Mythos von der »Friedlichen Revolution«

Seit 30 Jahren hat sich neben dem Begriff »Wende« vor allem der Begriff »Friedliche Revolution«[39] in der Öffentlichkeit und in den Medien für die Geschehnisse 1989/90 eingebürgert und wird nahezu kritiklos gebraucht. Was ist daran empörend? Warum ist hier ein kritisches Hinterfragen dringend geboten? Mit der Beantwortung dieser Fragen geht ein Überblick über die Entwicklungsgeschichte der Jahre 1989/90 und die kritische Betrachtung der damaligen Akteure einher.

Was also ist empörend an dem hemmungslosen Gebrauch des Begriffs »Friedliche Revolution« oder gar »Unsere Revolution«[40]?

Diejenigen, die

den Sozialismus als Staatsideologie und als gesellschaftliche Grundlage weiterhin bejahten
die auf der Eigenständigkeit der DDR als »sozialistische Alternative zur BRD« beharrten

---

[39] Templin, Wolfgang, Das unselige Ende der DDR (bpv): In einem Beitrag für das »Neue Deutschland« vom November 2009 kokettiert Martin Sabrow mit dem Begriff der »Wende« und wählt die Vokabel des »Umbruchs«, um dann von einer »Revolution ohne Revolutionäre« zu sprechen. Er unterstellt der übergroßen Mehrzahl der oppositionellen Akteure, dass sie zunächst das untergehende System erhalten wollten und erst post festum umgeschwenkt seien, da es zu einer inneren Auflösung der DDR aus eigener Machtlähmung kam. Den DDR-Erhaltungswillen der Oppositionellen machen auch andere Autoren an der positiven Verwendung des Sozialismusbegriffs in deren Aufrufen und Programmschriften fest.

[40] Neubert, Erhard, München 2008

die kaum realpolitische Vorstellungen über das wirtschaftliche Überleben dieses Staates hatten

die sich an den Runden Tischen in einen »Dialog« mit der SED/PDS begaben und sich so in ihren Dienst stellten

mit dem Volkswillen, mit den Vorstellungen der Massenbewegung immer weniger gemein hatten

die die marode wirtschaftliche Situation der DDR unterschätzten

die die Wucht des Umbruchs im Ostblock falsch einschätzten und die Niederlage des Kommunismus als Fehlentwicklung sahen, sind heute die Helden der friedlichen Revolutionen; sie nennen sich Revolutionäre und werden Revolutionäre genannt, obwohl sie bestenfalls Reformer bzw. Reformsozialisten waren. Demgegenüber stehen ihre durchaus anzuerkennenden Verdienste.

Sie wagten Kritik da, wo die Staatssicherheit lauerte.

Sie gaben den Anstoß zur Massenmobilisierung.

Sie zeigten Mut und boten der SED und dem MfS die Stirn.

Sie riskierten ihre Freiheit durch Regimekritik.

Sie verwalteten den Aufstand der Massen, lenkten ihn weitgehend in gewaltlose Bahnen.

Sie zogen selbst SED-Mitglieder und -Anhänger auf ihre Seite.

Sie initiierten einen kritischen und friedlichen Dialog mit der SED.

Sie verhielten sich kritisch-engagiert und setzten sich für Frieden, Umwelt, Frauen-, Menschen- und Bürgerrechte ein und bereiteten damit den Boden für die spätere gesellschaftliche Offenheit, Diskussionslust und Dialogbereitschaft.

Sie wollten keine marktwirtschaftlich-kapitalistisch organisierte Ellenbogengesellschaft, sondern sie wollten politischen Pluralismus, und sie hielten an der Utopie eines »Sozialismus mit menschlichem Antlitz« fest und ignorierten somit, dass das Sozialismusmodell gerade vor ihren Augen im gesamten Ostblock gescheitert war. Sie wollten auch nicht wahrhaben, dass der Sozialismus eine Ideologie ist, die in der Konsequenz nicht zu mehr Gleichheit und Gerechtigkeit führt, sondern zu Unfreiheit, Unterdrückung und schamloser sozialer Ungerechtigkeit. »Wir konnten nur in den Kategorien denken, die wir vorfanden, die uns aufgezwungen wurden« sagten die Bürgerrechtler, von denen viele Abitur hatten und studierten.[41]

Die sogenannten Revolutionäre hielten an einer DDR fest, die niemals eine demokratische Legitimation besaß, die von der Gründungslüge des Antifaschismus lebte und die ohne den Rückhalt der Sowjetunion niemals überlebensfähig gewesen ist. Den SED-Machthabern ist es mit großem Aufwand an Propaganda gelungen, bei vielen DDR-Bürgern eine DDR-Identität zu generieren – mangels Alternative. Wirtschaftliche, gesellschaftliche und sportliche Erfolge wurden gefeiert – egal wie sie zustande kamen und wie sie manipuliert wurden. Man richtete sich ein im Arbeiter- und Bauernstaat, immer in einer Art Doppelexistenz: öffentlich und beruflich eine in Übereinstimmung mit der SED und der sozialistischen Ideologie, privat kritisch, aber zunehmend resigniert. In der Regel war die Angst jedenfalls so wirksam, dass ein

[41] Freya Klier, Matthias Domaschk und der Jenaer Widerstand, Bürgerbüro Jena 2007, S.34

gewisses Maß an Überanpassung zur DDR-Normalität gehörte.[42] Als Kompensation für die geistige und physische Unfreiheit schuf man sich eine DDR-Idylle, eine verlogene Schein-Idylle hinter Stacheldraht und Mauer. Man verdrängt die zerfallenden Innenstädte, verdrängte die zerstörte Umwelt, verdrängte das tägliche Anstehen aufgrund der Versorgungsmängel. Verdrängte auch die stets gegenwärtige Bespitzelung, das Fehlen eines offenen Wortes, verdrängte die alltägliche Angst. Was blieb, waren die privaten Momente, das individuelle Leben, das persönliche Lebens- und Liebesglück, die erbrachte Arbeitsleistung. »Auch in der Diktatur scheint die Sonne« – so formuliert Roland Jahn das Dilemma – und diese Sonne kann und will den ehemaligen DDR-Bürgern niemand nehmen. Sie lebten ein für sie alternativloses Leben und richteten sich ein im DDR-Alltag. Dies ist nicht zu kritisieren, sondern es ist durchaus verständlich und nachvollziehbar.[43]

---

[42] Gauck, Joachim, Die Stasi-Akten. Das unheimliche Erbe der DDR, Reinbeck 1991, S. 45ff: »In der Regel war die Angst so wirksam, dass ein Maß an Überanpassung zur DDR-Normalität gehörte.«

[43] Lesens- und beachtenswert hierzu die Ausführungen von Roland Jahn: »Anpassen, obwohl man eigentlich dagegen war. Bei den Wahlen die Kandidaten einfach abnicken, obwohl man sie gar nicht wählen wollte. Freie Wahlen waren das nicht. Aber protestieren wollte auch keiner. Hauptsache nicht auffallen. Das könnte Nachteile bringen. Doch auch in der DDR konnte sich jeder Einzelne ein kleines Stück Freiheit nehmen, ohne einen zu hohen Preis zu zahlen. Es kostete nicht das Leben, wenn man sich verweigerte. Es kostete nur das Wohlleben, und oft nicht mal das. Der einzige Kommilitone, der zu mir hielt, bei der Abstimmung über meinen Rauswurf, konnte ohne Probleme weiterstudieren und seinen Abschluss machen. Die Frage nach dem eigenen Verhalten in der Diktatur ist eine Frage von Werten, von Anstand und Gewissen. Diese Ver-

Was aber kritisiert werden muss, ist die heutige Ignoranz gegenüber den Fakten. Die DDR war eine grausame Diktatur, die mit repressiven und totalitären Maßnahmen die Staatsideologie des Sozialismus durchsetzte: »Feind ist, wer anders denkt«. Dies anzuerkennen, bei aller biographischen Nostalgie, sollte heute eigentlich common sense in Ost und West sein. Schade und bedenklich, dass dem nicht so ist!

Neben den Millionen von, freiwillig oder zwangsweise, Angepassten in der DDR gab es von Anfang an Widerstand. Widerstand, der sich gegen das sozialistisch-diktatorische System wandte. Widerstand, der die DDR in toto ablehnte. Mit aller Macht wurde dieser Widerstand eingedämmt und gewaltsam unterdrückt – beginnend mit der Niederschlagung des Volksaufstands vom 17. Juni 1953.

Fortan äußerte sich die Ablehnung der DDR durch Flucht und auch durch Fluchthilfe – und später durch den Wunsch nach »dauernder Ausreise«. In den 80er Jahren, nach Aufnahme der DDR in die UNO und nach Unterzeichnung der KSZE-Charta von Helsinki, entstand eine Ausreisebewegung, die der DDR einfach nur den Rücken kehren wollte, die die Hoffnung auf Änderung verloren und

---

gangenheit aufzuarbeiten heißt, in der Gegenwart mit dieser Vergangenheit umzugehen und nicht so zu tun als ob nichts gewesen sei. Vergessen oder verdrängen befreit nicht von der eigenen Verantwortung, egal wie lange es her ist. Deshalb ist es wichtig, dass sich jeder selbst hinterfragt. Jeder muss für sich bewerten, wann er ja oder nein gesagt, wann er sich angepasst oder widersprochen hat. Jeder kann bewerten, ob er auch anders hätte handeln können. Wo ist der Polizist, der die Knebelkette anzog?« (Rede vor dem Hohenschönhausen-Forum 2013)

den Glauben an einen gerechten Sozialismus und ein Leben im Paradies verloren hatte. Die Staatsführung reagierte repressiv mit Schikanen, Ausreise-Verweigerung und Verhaftungen.

Die Unzufriedenheit mit dem System der Alleinherrschaft der SED war mit Händen zu greifen. Jetzt entwickelte sich etwas, was gemeinhin als »Opposition« bezeichnet wird, aber mitnichten eine Opposition war.[44] Die »Oppositionellen« waren nicht organisiert, einzeln erfassbar (ca. 5000 Personen vermerkte die Staatssicherheit) und in ihren Zielen äußerst diffus. Sie trafen sich unter dem Dach der evangelischen Kirche und thematisierten zunächst hauptsächlich Alltagsprobleme der DDR: Umweltschäden, Bauschäden, Frauenarbeit und nicht zuletzt Bürgerrechtsfragen. Federführend waren Pfarrer und Theologen, Künstler und die sog. Intelligenz – allesamt überzeugte Idealisten.

Gemeinsam war all diesen Gruppierungen die Einsicht, dass es so in der DDR nicht weitergehen konnte. Der Blick ging permanent nach Westen, die Bundesrepublik war Orientierungs- und Fluchtpunkt. Ein kritischer Blick auf die DDR offenbarte alle Defizite, die sich jahrzehntelang aufgetürmt hatten und die die SED nicht mehr mit unglaubwürdigen Erfolgsmeldungen wegretuschieren konnte. Die Jugend hatte andere Vorstellungen vom Leben; die DDR erlebte in den 80er Jahren die Jugendrebellion, die in der Bundesrepublik 1968 schon erfolgt war. Aber an eine Abschaffung, an eine

[44] Effenberg, Peter: »Eine offizielle Opposition gab es in der DDR nicht«, in: Zeitreisen 3, Zur Geschichte von Transformation und Übergang in den neuen Bundesländern, Leipzig 2012, S. 70

Liquidierung der DDR dachte man nicht – das wäre zu gewagt gewesen. Und stand niemals im Fokus der Diskussionen der entstandenen Friedens-, Umwelt- und Bürgerrechtsgruppen. Aber was man sich vorstellen konnte, war die Reform des Systems, ohne es grundsätzlich abzuschaffen. Doch gab es auch genügend Menschen, die auf diese Reformen, so sie denn überhaupt erkämpft werden konnten, nicht mehr warten wollten.

Sie wollten ihre Freiheit – in jeder Hinsicht.[45] Sie entzogen sich der DDR, indem sie ausreisten oder flüchteten, über Ungarn und dann über die Botschaften der sozialistischen Nachbarländer. Diese Menschen ließen alles zurück und wagten den Neuanfang in Freiheit. Dazu gehört ungeheurer Mut und eine große Portion Verzweiflung, denn risikofrei war dieser Weg keinesfalls, zumal im Juni '89 die kommunistische »Volksrepublik« China mit der sogenannten »chinesischen Lösung« den Weg vorgab.

Die Massenfluchten des Sommers 1989, diese Totalverweigerung, war eine Totalabsage an die DDR und wirkt als Katalysator für die Entwicklung innerhalb der DDR.[46] Der Mut der Flüchtenden wurde zum Vorbild für die Dagebliebenen, die nun auch den Mut zeigten und demonstrieren gingen oder ihre regimekritische Gruppierung

---

[45] Kowalczuk, Ilko-Sascha, Was wollten die Bürgerrechtsbewegungen? Was wollte die Gesellschaft? In: Andreas H. Apelt (Hg.): Der Weg zur Wiedervereinigung, Berlin 2010, S. 27: »Vier Großgruppen können idealtypisch entworfen werden: erstens diejenigen, die Freiheit sofort wollten und in den Westen flüchteten oder ausreisten. Sie wurden zu Motoren der Revolution, ob sie nun wollten oder andere dies so wahrhaben mochten.«

[46] Rödder, a.a. O., S. 32

als offizielle Opposition, z.B. das Neue Forum, legitimieren lassen wollten (erst im September 1989!). Es ist mehr als fraglich, ob ohne die Massenfluchten 1989 die Massenbewegung in der DDR mit solcher Wucht sich hätte Bahn brechen können. Die durchfahrenden Züge mit den Botschaftsflüchtlingen brachen den Bann und der Protest der Dagebliebenen ging auf die Straße.[47]

Die Demonstrationen allerdings fanden ohne wesentliche Aktivität der Oppositionsgruppen statt. Sie waren spontan, wurden nicht im Vorfeld organisiert und hatten keine Führungscrew. Zu der erst im Herbst 1989 entstandenen institutionalisierten Opposition gesellte sich nun ein »zweiter Strang« der Bürgerbewegung heraus, die Massenbewegung.[48] Ihre Losung klang wie eine Drohung: »Wir bleiben hier«! Der Protest erfasste nun auch SED-loyale Bürger und selbst SED-Mitglieder, die ihr Schweigen brachen.

Die SED selbst, die Gerontokratie, erwies sich zunehmend als hilflos und völlig überfordert angesichts der Friedensgebete und Massendemonstrationen. Jetzt machte sich bemerkbar, dass man jahrzehntelang kein kritisch-konstruktives Denken zugelassen hat-

---

[47] »Die quantitative Demonstrationsdynamik folgte am Anfang offenbar vor allem der Ausreise- und Fluchtdynamik. Die ersten nennenswerten Proteste außerhalb von Leipzig, vor allem in Dresden, fanden dann auch anlässlich der Zugfahrten statt, mit denen die Botschaftsflüchtlinge am 4./5.Oktober durch Sachsen in die Bundesrepublik transportiert wurden.« In: Christian Booß, Missglückter Generationswechsel und Reformstau als Voraussetzungen der Friedlichen Revolution, in: Deutschland Archiv, 11.8.2014, Link: http://www.bpb.de/189455

[48] Rödder, a.a.O., S. 27

te und es deshalb an gangbaren Alternativen fehlte. Auf der anderen Seite vereinigten sich Bürgerrechtsbewegung und Massenbewegung für ein paar Wochen, was durch die (West-)Medien wirksam, aber wenig differenzierend, verbreitet wurde.

Konkrete Ziele der Bürgerbewegung wurden allerdings kaum geäußert. Sie war ein »kollektiver Akteur«, der seine Angst überwand.[49] Aber gemeinsam gab man der marodierenden SED den Todesstoß; ihre Macht implodierte: Honecker »wurde zurückgetreten« und Egon Krenz als Nachfolger war lediglich der Sachwalter für wenige Wochen, bis ihn Hans Modrow ablöste. Diese Personalfluktuation, die für die SED völlig neu war, zeigt die Perspektiv- und Ideenlosigkeit des Systems. Auch Schabowski war am 9. November 89 nicht mehr Herr der Lage, als er etwas voreilig das neue Reisegesetz vor der internationalen Presse und live im DDR-Fernsehen verkündete und damit endgültig das Ende der DDR einläutete.

Noch bei der großen Demonstration am 4. November 1989 auf dem Berliner Alexanderplatz wähnte sich die Bürgerbewegung als »Siegerin des Umbruchs in der DDR«. Doch mit dem Mauerfall war nicht nur die SED-Herrschaft am Ende, sondern auch der Staat DDR als solcher. Während die Bürgerbewegung noch im Vorfeld die Themen weitgehend bestimmt hatte, hatte sie dem Ruf »Wir sind e i n Volk« nichts mehr entgegenzusetzen als die, unrealistische, Idee des »Dritten Wegs« in einer eigenständigen DDR. Und damit zerbrach auch das Bündnis mit der Massenbewe-

[49] Ders., S. 32

gung, die die nationale Frage stellte und sie mit dem Wunsch nach Wiedervereinigung beantwortete. Ein wenig Staatsrecht und sie hätten wissen können, dass die Präambel im alten Grundgesetz der Bundesrepublik einen Wiedervereinigungsauftrag beinhaltete, an den die Bundesregierungen seit 1949 gebunden waren. Ein Volksvotum zur deutschen Einheit hätte sich also erübrigt.

»Der Aktionsverbund einer Minderheit von DDR-Erneuern und einer Mehrheit von DDR-Überwindern war historisch von kurzer Dauer«, so pointierte der ostdeutsche Historiker Hartmut Zwahr. Die Aktionen gegen das Regime, in erster Linie die Massendemonstrationen, hatten zunächst vor allem zu einer Solidarisierung breiter Schichten der Bevölkerung geführt, vor der die hilflos Staats- und Parteiführung kapituliert hatte. Dass die konkreten inhaltlichen Vorstellungen der Bürgerrechtsbewegung darüber noch sehr allgemein geblieben waren, hatte überhaupt erst ihre Zustimmungs- und Handlungsfähigkeit ermöglicht. Als sich dann aber die Frage eigener politischer Positionen und Perspektiven samt ihrer Umsetzung stellte, zerbrach die Bürgerbewegung.[50]

Vorwurfsvoll und mit negativem Unterton wurde der Massenbewegung unterstellt, es ging ihr um »Bananen« und nicht um die Freiheit. Freiheit und Wohlstand sind jedoch keine Gegensätze,

---

[50] Die mangelnde Akzeptanz zeigte sich dann auch im enttäuschenden Wahlergebnis vom 18. März 1990, das dennoch euphemistisch umgedeutet wurde: »Wir sind die Sieger dieser Wahl. Der Wahltag ist das Ende der Diktatur« (Kowalczuk, a.a. O., S. 39) – und damit erfanden die Bürgerrechtlicher »ihre Revolution«.

sondern sie bedingen sich gegenseitig. Verbitterung und gegenseitige Schuldvorwürfe machten sich breit – und so entfernten sich die Bürgerrechtler vom Mehrheitswunsch der Bürger. Eine neue Konfliktlinie entstand: Nicht mehr Bürgerbewegung und SED-Regime standen einander gegenüber, sondern Vereinigungsbefürworter und Vereinigungsgegner, zugespitzt: Massenbewegung und Reformbewegung.

Während die Massenbewegung, die den Umbruch auf der Straße letztlich revolutionär erzwang, einstweilen führungs- und orientierungslos, also ohne zu benennende Revolutionäre, zurückblieb, rückte die Oppositionsbewegung näher an die verbleibenden reformbereiten Kräfte der SED heran. Manifest wurde dies am Runden Tisch. Den Bürgerrechtlern gelang es hier aber nicht, eine eigene Gestaltungskraft für einen Neuaufbau innerhalb der DDR zu entwickeln. »Ihr Profil blieb unscharf«.[51]

Bald fand sich die Bewegung, die kurz zuvor die revolutionäre Entwicklung und den Sturz der SED-Herrschaft angestoßen hatte, am Rande des Geschehens wieder. Höhepunkt dieser traurigen Entwicklung ist der Eintritt von acht Vertretern der neuen oppositionellen Gruppierungen als »Minister ohne Geschäftsbereich« in die Regierung Modrow. Der Untergang des SED-Staates folgte weniger aus der Niederlage gegen einen erstarkten Gegner, son-

[51] Ders., a. a. O., S. 30; 12 Nichtsdestotrotz spricht Kowalczuk mit einer seltsamen Begriffsverwirrung davon, dass die »Runden Tische [...] zum Sinnbild einer erfolgreichen Revolution, für einen gesellschaftlichen Demokratisierungsprozess« geworden seien.« Vgl. a.a.O., S. 38.

dern besiegelte vor allem eine innere Auflösung aus eigener Schwäche.[52]

Die eigentliche Entwicklung aber fand weiterhin außerhalb ihres Einflusses statt. Weiterhin verließen zigtausende Menschen die DDR; sie drohte auszubluten. Am Runden Tisch herrschte Verbitterung, weil man den immensen Aufgaben kaum gerecht werden konnte und die Gegenkräfte zu stark waren. Bundeskanzler Helmut Kohl verbündete sich mit der Massenbewegung[53] und steuerte zielbewusst auf die Wiedervereinigung zu, während Runder Tisch und Bürgerrechtsbewegung keine Massenanhängerschaft besaßen und nunmehr nur als »Übergangsphänomen«, trotz aller Verdienste, zu bewerten sind.[54]

Der frühere Bundeskanzler Helmut Kohl bestätigt: »Die Bürgerrechtler haben die DDR nicht gestürzt. Die wirtschaftliche Schwäche brachte den Ostblock zum Einsturz, und nicht die Chöre der Bürgerbewegung [...] Es ist ganz falsch, so zu tun, als wäre da plötzlich der Heilige Geist über die Plätze in Leipzig gekommen und hätte die Welt verändert [...] Die Vorstellung, die Revolutionäre im Osten hätten den Zusammenbruch des Regimes erkämpft, ist dem 'Volkshochschulhirn von Thierse' entsprungen«,

---

[52] Der ostdeutsche Herbst 1989 – Wende oder Revolution? Herrschaftsverlust und Machtverfall. Festkolloquium zu Ehren von Hans-Ulrich Thamer, LWL-Landesmuseum für Kunst- und Kulturgeschichte, Domplatz 10, 48143 Münster, 11.10.2008

[53] Rödder, a. a.O., S. 52
[54] Rödder, a. a. O. S. 61

so Helmut Kohl. Für ihn war der Zusammenbruch der DDR eine Folge der Schwäche Moskaus. »Gorbatschow ging über die Bücher und musste erkennen, dass er am Arsch des Propheten war und das Regime nicht halten konnte«, so Kohl.

»Dem Zusammenbruch des SED-Staates ging dessen Delegitimierung durch Repression, Flucht, Ausreise und Westbesuche voraus. Allein 1,3 Millionen Besucheranträge wurden 1987 genehmigt«.[55]

Martin Walser schreibt: »Wir haben schon einmal erlebt, wie uns die klügsten Experten beibringen wollten, die Teilung Deutschlands sei ein hinzunehmender historischer Vorgang. Nach der Überwindung der Teilung hat man nicht gehört, dass sie sich geniert hätten. Meine Erfahrungen sagen mir, dass unsere Demokratie nicht stabil ist. Wir sind anfällig für Parolen. Für Hysterie. Das Schlimmste nach 1945 war die Teilung Deutschlands. Die sind wir los. Es ist gerade noch gut gegangen. Das verdanken wir allerdings keinen Sprachhandlungen, also keinen Intellektuellen [...] auch wenn diese vierzig Jahre lang als 'Experten' die Teilung Deutschlands mit Argumenten verewigen wollten, sondern den Leuten in der DDR [...] die eine Diktatur besiegt haben. Diese 'Experten' denken natürlich nicht daran, sich nachträglich dafür wenigstens zu schämen. Es gibt in Wahrheit keinen wirksamen Schutz dagegen, dass in den Medien Macht ausgeübt wird. Und Macht ist nur, was über das hinaus geht, was Recht ist. Das macht die, die sie ausüben, dümmer, als sie sind. Das ist ein Trost. Eben-

---

[55] Schwan, Heribert, Tilman Jens: Vermächtnis. Die Kohl-Protokolle, Heyne-Verl. 2014, 173ff, vgl. Der Spiegel Nr. 41 vom 6.10.2014, 18ff)

deshalb unterliegen sie am Ende meistens. Das ist mein Trost, trotz-allem-Optimismus«.[56]

Und nun zurück zum Ausgangspunkt:

Diese Bürgerrechtler, denen die Massen davonliefen, die die Massen nicht mehr erreichten, die sich dem Wunsch nach Wiedervereinigung verwehrten und ihren sozialistischen[57] Traum weiterträumten, gelten heute als »Revolutionäre«. Dazu Hoff: »Die 'Fakten' der Historiographie sind stets das Produkt einer retrospektiven Fiktion: Effekt eines Gewaltaktes, der die Exteriorität der Vergangenheit *vergessen* macht, um ihr Gedächtnis in den Dienst etablierter 'Machtdispositive' (Foucault) zu stellen«.[58]

Nein – sie waren keine Revolutionäre[59]. Sie haben ihre Verdienste beim Zusammenbruch der SED und bei der Mobilisierung der Massen, aber sie haben keine Revolution gemacht. Sie gaben höchstens einen Teil des Anstoßes zu einer Revolution. Bildikonen für diese Zeit sind »die hilflosen Sprecher der Macht wie Schabowski und mit ihnen die freudetrunkenen Massen bei der Maueröffnung, aber eben keine Helden des Umsturzes und Banner-

---

[56] Martin Walser in: Schaffen wir das? Ja; Essay, Spiegel Nr. 9, 27.2.2016, S. 126ff

[57] Wolfgang Templin deutet, mehr als fraglich, die sozialistischen Vorstellungen um in »sozialdemokratische« Ideen, im Sinne des Godesberger Programms der SPD.

[58] Hoff, Johannes, Spiritualität und Sprachverlust, S. 309

[59] Martin Sabrow spricht 2009 von einer »Revolution ohne Revolutionäre«, in ND 21. 11. 2009, S. 24

träger des Neuen«.[60] Die Methode der Bürgerrechtler, sich zu 'friedlichen Revolutionären' zu erklären bestand darin, Korrelationen zu Kausalitäten zu machen.

Revolutionär waren die Menschen, die erst in Massen flohen und ausreisten, die dann demonstrierten, erst für das Ende der SED-Herrschaft und dann für die Wiedervereinigung. Ihnen, den bis heute Namenlosen, gebühren Ruhm und Ansehen. Sie allein haben das Recht, von einer Revolution zu sprechen und sich Revolutionäre zu nennen.

Der neue Hass in der aktuellen Flüchtlingskrise verstellt den Blick auf das, was ebenso überfällig ist: Die Aufarbeitung des Opfermythos, der von Christa-Wolf-Lesezirkeln über den braven Funktionär der Linkspartei bis zum gut integrierten Dorfnazi in Ostdeutschland, seit dem Zusammenbruch des SED-Staates Mainstream ist.

Die wirklichen Experten für das unselige und zerstörerische Wirken des MfS und der SED sind nicht nur Historiker, sondern Hunderttausende Opfer und Zeitzeugen des SED-Regimes.

Wie der vorhergehende Vortrag sich mit der Mainstream-Legende befasst, wirft auch der nachstehende Vortrag über die Opferproblematik ein bezeichnendes Licht auf die Wirklichkeit der Zeitzeugenarbeit.

---

[60] Vgl. Sabrow, 2008

Der Vorsitzende sollte sich an die von Sokrates benannten Eigenschaften eines Richters erinnern: höflich zuhören; weise antworten; vernünftig abwägen; unparteiisch entscheiden. Ich sage nicht, dass es ein liederliches Verfahren ist, aber ich möchte Ihnen diese Bezeichnung zur Selbsterkenntnis angeboten haben.

Franz Kafka, Der Prozess

Vortrag II: Die Demut des Opfers

Seit Gründung des SED-Staates gab es Verfolgte, Opfer und Leidende. Es gab aber auch mutige Menschen, die ihrem Gewissen folgten, die nicht Opfer bleiben wollten, weil die Bezeichnung 'Opfer' Passivität unterstellt. Deshalb lehnen Betroffene kommunistischer Repression den Opfer-Begriff für sich ab. 'Opfer' impliziert Tatenlosigkeit, Handlungsunfähigkeit, eine Existenz als Objekt unter Aberkennung jeglicher Subjektivität. Opfer wehren sich nicht, Opfer werden gedemütigt, misshandelt – und sie sind wehrlos. Später treffen sie weder auf Empathie noch Verständnis, allenfalls auf Sprachlosigkeit. Kommunistischen Untaten gegenüber war und ist man teilweise noch immer in weiten Teilen der westlichen Gesellschaft nachsichtiger. Damit werden die Opfer von Gewaltherrschaft ein weiteres Mal zu Opfern.

Mit ihnen muss man Mitleid haben. Opfer lachen nicht, haben keine Freude am Leben mehr, Opfer kämpfen nicht, Opfer leiden in aller Stille. Wichtig ist: in aller Stille. Opfer erheben nicht ihre Stimme, Opfer stellen keine Forderungen. Opfer haben in den politischen Gremien keine Lobby. Opfer warten, bis sie ein Almosen erhalten, einen Brosamen vom Tisch der Gönner. Opfer sind, nachdem sie gedemütigt wurden, demütig; sie verhalten sich unterwürfig, bittend, rücksichtsvoll gegenüber den Tätern. Opfer bleiben immer Opfer, egal in welcher Gesellschaft sie leben. Deswegen lehnen Opfer kommunistischer Gewaltherrschaft diesen Begriff vehement ab.

Heute führen ehemalige Opfer durch Gedenkstätten, halten als Zeitzeugen Vorträge an Schulen, Universitäten und anderen Institutionen und erzählen Jung und Alt von der Unmenschlichkeit, von ihrem Leiden, ihren Qualen und von den Tätern, die nahezu ungehindert ein Unrechtsregime aufbauen und gestalten konnten. Sie reisen von Schule zu Schule, stehen vor hunderten jugendlicher Zuhörer und erzählen ihre eigene Geschichte; oft als Traumabewältigung, aber immer mit dem Impetus der Aufklärung.

Wenn sie ihre eigene Geschichte erzählen, dann soll der Zuhörer mitleiden, er soll erschauern; Mitleid wird erregt. Manchmal kommen Empathie und Interesse auf. Aber mehr nicht. Vielleicht noch der unvermeidliche Appell, dass man die Augen vor Unrecht nicht verschließen solle. Und dann? Dann verneigt sich das Opfer, bekommt Beifall und schleicht unter Dankesbezeugungen und eindrucksvollen Bewunderungsworten davon.

Was aber, wenn das Opfer nicht still ist, wenn es laut wird, wenn es anklagt, wenn es zeitkritische Analyse betreibt, wenn es noch lebende Akteure, seien sie aus West oder Ost, anklagt, weil sie nichts oder das Falsche gegen das Unrecht getan haben? Was aber, wenn das Opfer auf Wiedergutmachung, auf Rehabilitierung, auf wirtschaftliche und gesellschaftliche Restitution pocht? Wenn sich das 'Opfer' nicht demütig versteckt, sich nicht nur bedauern lässt, wenn es laut und deutlich seine Forderungen verkündet und die lasche Täterverfolgung anprangert?

Dann kommt bei dem Zuhörer ein Gefühl der Undankbarkeit des Opfers auf. Hat man ihm nicht lange zugehört, Beifall geklatscht, warme Worte des Mitleids und der Bewunderung gespendet? Reicht das nicht? Muss das Opfer auch heute noch so aggressiv auftreten, sich fordernd zeigen, Ansprüche an den Staat stellen, der doch anderweit so viele Ausgaben hat? Ach, das Opfer ist undankbar, das Opfer ist laut und unbequem. Es ist gar kein richtiges Opfer, eher ein Störenfried für die Wohlfühl- und Betroffenheitsgesellschaft.

Opfer sind Betroffene, die heute immer noch unter dem an ihnen begangenen Unrecht leiden. Jean Améry schreibt: »Wer der Folter erliegt, kann nicht mehr heimisch werden in der Welt. Das eingestürzte Weltvertrauen wird nicht wiedergewonnen«.[61]

Betroffene müssen sich wehren, müssen Ansprüche stellen, müssen um ihr Recht kämpfen. Traurig genug, dass sie das tun müssen, dass es dem Rechtsstaat bis heute nicht gelungen ist, selbst auf die Betroffenen zuzugehen, sie anzuschreiben und sie über ihre Rechte und Möglichkeiten aufzuklären. Die Taktik des Aussitzens mit Blick auf die biologische Lösung ist einfacher. Das Leiden der Menschen unter den vielen willigen Helfern der Diktatur wird dort nicht verstanden und mit Respekt gewürdigt, wo man die Opfer durch beschämende Entschädigungsverfahren und eine zynische Gesundheitspolitik, in der Opfer die Herkunft ihrer posttraumatischen Leiden beweisen müssen, ein zweites Mal entwür-

---

[61] Améry, Jean, Die Tortur, Essay, ISBN 978-3-8488-2010-8

digt. Diese Methode der Aufarbeitung ist entweder von böser Ironie oder bitterem Zynismus gekennzeichnet.

1990, gleich nach dem Sturz der Diktatur, entschädigte die DDR-Regierung Wolfgang Harich, Rudolf Bahro, Walter Janka und andere prominente Reformkommunisten für die Jahre ihrer widerrechtlichen Haft mit einem finanziellen Ausgleich, der in die Hunderttausende ging. Zum Artikel 17 des Einigungsvertrages (EV) und der darin vorgeschriebenen angemessenen Entschädigung ist auf die Genese dieses Artikels hinzuweisen: Die DDR-Regierung ließ politische Unrechtsurteile der SED-Justiz wie bei den Vorgenannten und anderen kassieren. Diese bekamen eine für heutige Verhältnisse hohe und im Sinne des späteren EV angemessene Haftentschädigung: für sechs Jahre Zuchthaus mehrere hunderttausend Mark. Es ist zu prüfen, ob es hierfür eine speziell geschaffene Rechtsgrundlage gab oder ob diese Entschädigungshöhen durch ein Staatshaftungsgesetz der DDR zustande kamen. Dies wäre ein Hinweis auf Intention und Ausgestaltung des Artikels 17 EV und seiner Formulierung »angemessen« sowie auf die Überleitung der Rechtspraxis in die Bundesrepublik.

Zudem einigte sich der Bundestag 2008 auf ein novelliertes Bundesministergesetz. Darin ist festgeschrieben, dass die Minister des letzten DDR-Kabinetts unter Lothar de Maizière eine »Ehren-Pension« in Höhe von 700 bzw. 850 Euro (für de Maizière) wegen ihrer angeblich »besonderen Verdienste um die Wiedervereinigung Deutschlands« während ihrer 5 ½ monatigen Amtszeit erhalten. Zum Vergleich: Ein ehemals politischer Häftling bekommt ab

6 Monaten Haft eine einkommensabhängige monatliche Zuwendung von aktuell 330 Euro. Das nenne ich Chuzpe! Neben diversen, teils stasibelasteten Sozialismusreformern, die die Einheit Deutschlands ablehnten, zählt ausgerechnet Kurt Wünsche zu den Empfängern. Als Justizminister unter Ulbricht und Honecker einer der Verantwortlichen für die Verschärfung justiziellen Unrechts gegenüber dem Widerstand.

Diese offene Verhöhnung der Verfolgten des SED-Regimes ist und bleibt ein Skandal! Die Verfahrensweise mag formalrechtlich demokratisch sein. Von Gerechtigkeit für die, die ihr Leben für den Rechtsstaat einsetzten, ist sie weit entfernt.

Da mag es nicht wundern, wenn heute diejenigen das Bewusstsein junger Menschen und Zuhörer bestimmen (wollen) und ihnen die SED-Diktatur erklären, die sich um die staatlichen Fetttöpfe scharen und das Ausbleiben von Gerechtigkeit schönreden.

Ein solches Verhalten ist eines Rechtsstaates unwürdig, und es ist einfach nur traurig und ignorant, wenn sich jüngere Zuhörer über Zeitzeugen mokieren, die nicht die richtige »Opfer-Attitude« an den Tag legen. Eine Aufarbeitung kann erst dann gelingen, wenn Opfer nicht länger hierarchisiert werden und die kommunistische Diktatur so präsent ist wie die NS-Diktatur.

Menschen im Widerstand

Auch über 30 Jahre nach dem Sturz der SED-Diktatur und der Wiedervereinigung, ist der Blick auf die Menschen, die seinerzeit Widerstand leisteten, seltsam selektiv geblieben. Die wenigen Sach- und Fachbücher, die dieses Thema beleuchten, gehen in der Menge der Mainstream-Betrachtung unter. Gleichwohl gab es seit Gründung der DDR 1949 Widerstand in vielfältigen Formen.

Als Widerstand wird die Gehorsamsverweigerung (passiver Widerstand) oder das aktive Handeln gegenüber der Obrigkeit (aktiver Widerstand) bezeichnet. Widerstand findet entsprechend außerhalb der gesetzten Ordnung statt. Widerständiges Verhalten befindet sich zu den drei Feldern Widerstehen, Widerspruch und Widerstand in einem Kontinuum.

Die große Geschichte des Widerstands ist eine kleine Geschichte des Mutes und des Entschlusses. Die Menschenwürde beginnt, wo man einem »Herrn« sagt, dass man ihn nicht anerkennt. Ich tat das mit »Herrn« Honecker.

Widerstand leisteten jene, die Willkürentscheidungen des Staatsapparates nicht unwidersprochen hinnahmen, ihre in der DDR-Verfassung zumindest schwammig formulierten Rechte einforderten, oder sich verweigerten, die Widerstandkreise bildeten, Sabotage übten, sich widersetzten, Ausreiseanträge stellten, flüchteten oder Fluchthilfe leisteten.«[62]

In den Schulbüchern für Geschichte wird dieses Thema kaum behandelt. Allein in einem Unterrichtsbuch für das Fach Religion findet sich der nachfolgende Beitrag[63]:

---

[62] Kontinuum widerständigen Verhaltens in: R. Buthmann, Widerständiges Verhalten und Feldtheorie, Bremen 2001 in: Neubert/Eisenfeld [Hg.] Macht Ohnmacht Gegenmacht, 2001, 117 f

[63] Schwendemann, Wilhelm (Hg.): Menschenrechte im Religionsunterricht, RUpraktisch sekundar, Göttingen 2010, S. 106

Menschen im Widerstand - Wolfgang Welsch

© WW 2006

„Geboren wurde ich 1944. Ich wuchs in einem bürgerlich-christlichen Elternhaus in Ostberlin auf. Indem ich das totalitäre Regime ablehnte, dessen Praktiken bei Andersdenkenden anprangerte und Flugblätter mit meinen Gedichten und einem Aufruf gegen die Mauer verbreitete, leistete ich Widerstand gegen systemkonforme Anpassung und Meinungsunterdrückung. 1964 wurde ich bei einem Fluchtversuch vom MfS verhaftet und in drei Prozessen u.a. wegen Flucht, Hochverrat, staatsgefährdender Hetze und Propaganda (gemeint war meine Systemkritik), sowie Verbindungsaufnahme zu einer .verbrecherischen Organisation' (gemeint war die Weltorganisation UNO) zu fast 10 Jahren Haft der unterschiedlichsten Strafkategorien verurteilt. [...] Durch Vermittlung des Bundeskanzlers Willy Brandt [...] wurde ich 1971 in die Bundesrepublik freigekauft. Auf Grund der Haftfolgen musste ich alle Engagements im Schauspielbereich abbrechen. [....] Meine damalige Ehefrau, in meine Fluchthilfe-Aktionen selbst involviert, geriet 1976 bei einer Fluchthilfe-Aktion in Sofia/Bulgarien durch eigenes Handeln in die Fänge der bulgarischen Geheimpolizei [...] Sie verriet Strukturen und Planungen meiner Fluchthilfe-Aktionen an die Stasi, deren Verbindungsoffizier die Informationen nach Ostberlin weiterleitete. [...]

In einer Notiz der Zentralen Koordinierungsgruppe des MfS (ZKG) bezeichnete man mich als einen zwar stillen, gleichwohl „effizienten Fluchthelfer und Staatsfeind mit hohem Gefährdungspotential für die DDR". Es gelang mir, in einem Zeitraum von 10 Jahren insgesamt mehr als 220 Menschen, davon allein über 100 Ärzte, teilweise mit Frauen und Kindern, über Drittländer des Ostblocks und mit diplomatischer Hilfe zur Flucht in die Freiheit zu verhelfen. [...]Mit viel Glück überlebte ich drei Attentate in Deutschland, England und Israel in den Jahren 1979 bis '81. Ich hatte keine Ahnung, dass die mir mysteriös erscheinenden Vorfälle geplante Mordanschläge des Ministeriums für Staatssicherheit waren. [...] Jetzt erreichten mich anonyme Morddrohungen, vermutlich aus Ex-Stasi-Kreisen. Nachdem die Justiz in Untätigkeit verharrte, mich weder schützen wollte noch konnte, entschloss ich mich, Deutschland zu verlassen und ins Exil nach Mittelamerika (Costa Rica) zu gehen. Dort arbeitete ich an der Pazifikküste als Pilot eines kleinen Wasserflugzeuges [...]"

Aufgaben

1. **Skizziere den Lebenslaufs von Wolfgang Welsch.**
2. **Welches könnten die Motive für seine Tätigkeit als Fluchthelfer gewesen sein?**
3. **Welche Macht hatte die Stasi in der DDR, in der BRD und in anderen Ländern?**

Vita Wolfgang Welsch

Flugblatt-Aktionen in Ost-Berlin

„Republikflucht“ 1964 und Verurteilung

Haft 1964-1971: Film über die Remilitarisierung der DDR und Sabotage während der Haftzwangsarbeit

1971 Freikauf in die BRD: Herstellung von Öffentlichkeit über das ZDF

1973 Memorandum: Protest gegen die Aufnahme der DDR in die Vereinten Nationen

70er und 80er Jahre: Fluchthilfe für ca. 220 DDR-Bürger

Folgen: Im Visier des MfS - Wolfgang Welsch überlebt drei Mordanschläge der Stasi. Beim Prozess 1994 gesteht IM „Alfons“ den Mordauftrag der Stasi.

Foto: Wikimedia Commons/ herbaliser

Wolfgang Welsch wird 1944 in Berlin geboren und wächst in einem christlich geprägten Elternhaus auf. Schon während der Schulzeit steht er dem SED-Regime kritisch gegenüber. Er schreibt Gedichte gegen die Diktatur und liest sie in der Aula der Humboldt-Universität. 1963 verteilt er in Ostberlin Flugblätter gegen den Mauerbau und ruft zu einer Demonstration dagegen auf. Die Stasi kann seine Urheberschaft nicht ermitteln. Nach Abitur und Schauspielschule bekommt er 1964 einen Fördervertrag als Schauspieler beim Deutschen Fernsehfunk (DFF). Seine widerständige Haltung gegen die SED-Diktatur veranlasst ihn jedoch auf eine berufliche Karriere in der DDR zu verzichten und im gleichen Jahr in den freien Teil Deutschlands zu flüchten.

Die Flucht misslingt. Er wird verhaftet und mehrmals zu insgesamt neuneinhalb Jahren Zuchthaus verurteilt, von denen er knapp sieben Jahre in den Gefängnissen der DDR verbringt, davon allein zweieinhalb Jahre in Untersuchungshaft der Stasi. Dort, und in den Gefängnissen Bautzen und Brandenburg, ist er schweren Misshandlungen und verschiedensten Foltermethoden ausgesetzt, die das Ziel haben, seinen Willen zu brechen. Am hinterhältigsten ist eine Scheinhinrichtung. Die traumatischen Folgen sind manifest.

Durch Bemühungen der Bundesregierung sowie von Amnesty International (ai), Gruppe Leeds/England, die ihn 1970 zum »politischen Gefangenen« des Jahres erklärt, wird er 1971 von der Bundesrepublik freigekauft und kommt in den Westen. Aufgrund posttraumatischer Belastungsstörungen (PTBS) ist ihm die Fortführung seines Berufes als Schauspieler nicht mehr möglich, obwohl er bereits mehrere Engagements hatte, darunter das Staatstheater Niedersachsen – Theater am Aegi Hannover.

1972 beginnt er als Doktorand bei Prof. Dr. Helge Pross das Studium der Soziologie, Politik und Philosophie an der Justus-Liebig-Universität Gießen mit einer Arbeit über das Ministerium für Staatssicherheit.

Anlässlich des geplanten Beitritts der DDR in die Vereinten Nationen gelingt ihm, auf Umwegen ein Memorandum an den Sitz der Vereinten Nationen in New York zu bringen, in dem er die permanenten Menschenrechtsverletzungen der SED-Machthaber anprangert und dazu auffordert, gegen den Beitritt der DDR zu stimmen. Am Tag des Beitritts der DDR, dem 18. 9. 1973, liegt sein Memorandum auf allen Tischen im Plenum der Weltorganisation. Auch auf dem des DDR-Vertreters.

Im darauf folgenden Jahr 1974 eröffnet die Stasi gegen Wolfgang Welsch einen geheimen »Zentralen Operativen Vorgang« (ZOV) unter dem Titel »Skorpion«. Da er darüber hinaus seit 1972 seinen Widerstand gegen das SED-Regime fortführt und Dutzenden von DDR-Bürgern zur Flucht in den Westen verhilft, soll er zersetzt, später ermordet werden. Aufgrund der von der Stasi ausgehenden Gefahr einer Verfolgung und massiven Bedrohung seines Lebens, lädt ihn die Gruppe Leeds/ai zur Promotion nach England ein. 1977 promoviert er dort unter konspirativen Bedingungen mit einer Dissertation über die Stasi. Titel: »Auftragstellung,

Arbeitsweise und Zielsetzung des Ministeriums für Staatssicherheit der DDR«.

Bis Mitte der achtziger Jahre organisiert er erfolgreich die Flucht von 220 bedrohten und teilweise verfolgten DDR-Bürgern in die Freiheit. Teils organisiert er die Flucht durch Identitätswechsel während eines Fluges in Ostblockländern, teils mit umgebauten Autos, Wohnwagen oder Pferdetransportern über die ungarisch-österreichische Grenze. Seine ideelle Fluchthilfe ist durch Gewissen, politische Haltung und die Jahre unschuldig erlittener Haft motiviert. Dabei orientiert er sich an die Fluchthelfer Varian Fry und Lisa Fittko mit ihrem Rettungsnetzwerk *Emergency Rescue Commitee* (ERC), die 1940 von den Nazis verfolgte Intellektuelle, Schriftsteller und Künstler, darunter Heinrich und Golo Mann, Alfred Polgar, Hannah Arendt, Walter Benjamin, Marc Chagall, Alma Mahler-Werfel u.v.a. zur Flucht vor der Gestapo aus dem besetzten Frankreich nach Spanien verhalfen.

Die Stasi, die in Wolfgang Welsch laut Akten des Bundesbeauftragten für die Unterlagen des Staatssicherheitsdienstes der DDR im BA, der vormaligen BStU, einen ihrer »effizientesten« Gegner und »gefährlichsten Staatsfeind« sieht, verübt 1979, 1980 und 1981 in Deutschland, dem Vereinigten Königreich und Israel drei Mordanschläge auf ihn, die er, teils knapp, und teils schwer verletzt überlebt. Zunächst ein Bombenattentat in seinem Auto in der Nähe von Darmstadt, dem ein Schussattentat kurz vor London folgt, schließlich ein Mordanschlag mit hochgiftigem Thallium in Israel, den er beinahe nicht überlebt hätte. Nach Einrichtung der

BStU Ende 1991, erfährt er 1993 von diesen und von weiteren geplanten Attentaten der Stasi auf ihn. Und er liest in Original-Akten, dass ein guter Freund kein guter Freund, sondern sein potentieller Mörder im Auftrag der Stasi war. Überrascht und erschüttert las er, dass auch seine Frau mit der Stasi kollaboriert hatte.

Mehrere Staatsanwaltschaften, darunter die Bundesanwaltschaft in Karlsruhe, wollten auf Grund seiner daraufhin erfolgten Anzeigen nach § 211 StGB kein Ermittlungsverfahren einleiten weil sie ihm – nicht glaubten.[64] Als ob »Glaube« eine juristische Kategorie sei. Durch die endlich erfolgte Bereitschaft der Zentralen Ermittlungsstelle für die Aufklärung von Regierungs- und Vereinigungskriminalität (ZERV) zur Zusammenarbeit mit einem Nachrichtenmagazin gelingt es, die Haupttäter der Stasi-Kampfoperation »Skorpion« und Beteiligten an den Mordanschlägen aufzuspüren, zu verhaften und vor Gericht zu stellen.

In einem, auch international Aufsehen erregenden, Prozess wird einer der Täter zu langjähriger Haft verurteilt. Der Chef der Hauptabteilung VI des MfS und Leiter der Operation »Skorpion«, Stasi-Generalmajor Heinz Fiedler, verantwortlich für die Mordan-

---

[64] Diese »Begründung« nannte ihm der damalige Leiter der ZERV, Manfred Kittlaus †, vormals Leiter des Westberliner Verfassungsschutzes (Staatsschutz), nachdem ein Nachrichten-Magazin in dieser Causa zu recherchieren begann. Wenn Mord und versuchter Mord nach § 211 StGB Kapitalverbrechen sind und Ermittlungszwang besteht, ist die Verweigerung desselben ein schwerer Rechtsbruch (Strafvereitelung im Amt, pp) der für die Beteiligten allerdings folgenlos blieb. Hony soit qui mal y pense.

schläge auf Wolfgang Welsch, nimmt sich in Untersuchungshaft das Leben. Der verurteilte »Freund« und potenzielle Giftmörder Peter Haack aus Berlin-Karlshorst, gesteht vor Gericht die Attentatsversuche die sämtlich scheiterten. Dadurch konnte nachgewiesen werden, dass die Stasi tatsächlich einen »langen Arm« im Westen hatte und definitiv Mordaufträge erteilte.

In seiner Autobiographie »Ich war Staatsfeind Nr. 1« beschreibt Wolfgang Welsch seinen Widerstand gegen die SED-Diktatur und seine langjährige Verfolgung durch die Stasi. 2004 wird das Buch mit Martina Gedeck und Jörg Schüttauf in den Hauptrollen unter dem Titel »Der Stich des Skorpion« verfilmt.

2009 erscheint »Die verklärte Diktatur. Der verdrängte Widerstand gegen den SED-Staat«, eine textkritische Analyse der SED-Diktatur, seiner Apologeten im Westen und der Stand bisheriger Aufarbeitung.

2010 dramatisiert Wolfgang Welsch den Stoff seiner Autobiographie und schreibt für das Theater Trier das Schauspiel »Ich war Staatsfeind Nr. 1«. Das erfolgreiche Stück löst während der gesamten Spielzeit Diskussionen über den SED-Staat und dessen Aufarbeitung aus.

2013 erscheint seine selbst gelesene Autobiographie als Hörbuch bei Audible sowie als e-boock bei Kindle.

2015 sendet ZDF Info die Dokumentation »*Die Macht der Stasi. Jagd auf einen Staatsfeind*«.

2020 erscheint die 13. Auflage des »*Staatsfeind*« bei Piper, München.

2021 erscheint eine weitere Quellengesättigte textkritische Analyse über den »Ersten sozialistischen Arbeiter- und Bauernstaat« DDR, dessen kommunistisch-stalinistischer Ideologie und seine Anhänger im Westen unter dem Titel: »*Widerstand. Eine Abrechnung mit der SED-Diktatur*« im Lukas Verlag für Kunst und Geistesgeschichte Berlin.

Wolfgang Welsch ist Co-Autor mehrerer Bücher über den SED-Staat. Er schreibt Essays, Artikel und publiziert in Zeitschriften, Magazinen und TV-Dokumentationen im In- und Ausland über den Charakter der zweiten deutschen Diktatur und deren Aufarbeitung. Seit über 20 Jahren reist Wolfgang Welsch durch die alten und neuen Länder, hält an Schulen, Universitäten, in Parteien, Stiftungen u.a. Bildungseinrichtungen, auch im Ausland, engagierte Vorträge, Kolloquien, Workshops und Seminare über die Bedeutung der Menschenrechte, über das SED-Regime, über den Widerstand und dessen Bedeutung für den Sturz der Diktatur und dessen Geheimpolizei. Damit versucht er, die offenkundigen Defizite schulischer Lehrmittel über die DDR durch »Oral History« teilweise zu kompensieren. Seit 2011 führt er auch für das Zeitzeugenbüro der Gedenkstätte Berlin-Hohenschönhausen Aufklärungsvorträge durch, um den steigenden Bedarf an Aufklärung/Aufarbeitung bei der nachwachsenden Generation zu unterstützen. Er ist Mitglied im deutschen Schriftstellerverband (FDA).

2015 wird Wolfgang Welsch für seinen Widerstand, für Verdienste um die Menschenrechte und für seine Jahrzehnte währende Tätigkeit in der Aufarbeitung der SED-Diktatur im EU-Parlament Strasbourg mit der Robert-Schuman-Medaille geehrt.

www.wolfgang-welsch.com

Bemerkungen von Autoren und Zeitzeugen zu der kürzlich erschienenen textkritischen Analyse unter dem Titel »*Widerstand. Eine Abrechnung mit der SED-Diktatur*«

»Das Buch des Autors Wolfgang Welsch ist ein nicht zu überhörender Aufruf wider das Vergessen«, schreibt der in Budapest lebende Autor Hans-Henning Paetzke und stellt fest: »Dieses Buch gehört in den Geschichtsunterricht, in die Bücherregale von Geschichtslehrern, Historikern und in das Gedächtnis von Politikern, damit sie das Material der Aufarbeitung eines menschenverachtenden Systems den ihnen anvertrauten Menschen vermitteln«.

Der Publizist Jörg Bilke schreibt: »Dieses Buch ist nicht mehr und nicht weniger als eine kritische Durchsicht der westdeutschen Deutschlandpolitik, die trotz aller „kleinen Schritte", die den DDR-Gewaltigen „abgerungen" wurden, gescheitert ist. Den Mauerfall 1989 haben nicht die Teilungsverwalter im Bonner „Ministerium für innerdeutsche Beziehungen", die von den DDR-Verhältnissen kaum Ahnung hatten, bewirkt, sondern die Leipziger Demonstranten mit ihrem Ruf „Wir sind das Volk!" « und stellt abschließend fest: »Dieses Buch ist ein Gegenentwurf zur Entspannungs- und Beschwichtigungspolitik der Bundesregierung nach dem Schock des Mauerbaus 1961. Wolfgang Welsch nimmt niemanden von seiner Kritik an der Bonner Deutschlandpolitik aus, die einen Unrechtsstaat zum ebenbürtigen Partner erklärte«.

Der Journalist und Autor Torsten Sasse schreibt: »Eine der überraschenden Erkenntnisse dieses Buches: Widerstand fand in der DDR nicht nur im Geheimen statt oder im Untergrund oder unter dem Dach der Kirche, sondern auch auf offener Bühne. Akte des Widerstands, das waren auch Fluchtversuche und unverblümt gestellte Anträge auf Ausreise. Allein der Wunsch nach Reisefreiheit rief bei den SED-Machthabern brutale Reaktionen hervor, bis hin zum Mord«, und endet mit den Worten: »Historiker werden um dieses Buch kaum herumkommen; es hat das Zeug zum Standardwerk«.

Ausgerechnet die Historikerin und Leiterin der Forschung(!) beim Stasi-Unterlagen-Archiv, vormals BStU jetzt Bundesarchiv (BA), Daniela Münkel, bezeichnet die textkritische Analyse mit dem negativ konnotierten Begriff 'Traktat'. Ein Jargon, der profundes Wissen vorspiegelt, aber in Wirklichkeit die Sprache der Unwissenheit ist. Die Feinde der Wahrheit sind nicht Unwissenheit, sondern Überzeugungen. Dabei stellt sich die Frage, ob Münkel die detaillierten Berichte NS-Überlebender und Zeitzeugen, viele im 'International Center on Nazi Persecution' archiviert, auch als 'Traktat' bezeichnen würde? Weil subjektive Erfahrungen nicht objektivierbar sind?

Die dahinterliegende Absicht Münkels, die sich zurückliegend mit nationalsozialistischer Agrarpolitik und Studien über sozialdemokratische Politik beschäftigte, könnte mit ihrem abschätzigen Ansatz einer Marginalisierung des Widerstands durch Begriffe wie »*überschaubar*« zusammenhängen. Die Frage, was Widerstand war, wird durch die nächste Frage beantwortet: Waren die 70.000 Demonstranten der ersten Montagsdemo und die 300 000 Demonstranten der zweiten Montagsdemonstration in Leipzig (7. 10. und 18.12. 89)[65] angepasst oder widerständig? Ist diese, nach dem 17. Juni 1953 zweite, öffentliche Großdemonstration als »überschaubar« widerständiges Verhalten der Demonstranten zu werten, wie Münkel den Widerstand bezeichnet, oder war er in diesem Fall sogar massenhaft? Die Teilnehmer der Montagsdemos in Leipzig waren deshalb widerständig, weil sich ihr Protest gegen die Politik der monopolistischen Staatspartei SED richtete. Nach dem Verständnis der SED waren sie allesamt Staatsfeinde. Öffentliche Demonstrationen gegen die SED-Politik, wie zuletzt am 17. Juni 1953, waren staatsfeindlich. Wie Stasi-Minister Mielke später äußerte, hätte er die staatsfeindlichen Demonstranten mit den bereitstehenden militärischen Kräften mit Gewalt niedergeschlagen. Nach einem Blutbad hätte auf die Überlebenden bestenfalls das Gefängnis gewartet. Das wurde nach dem Besuch von Politbüromitglied Krenz im September ’89 in Peking deutlich, wo er das Massaker gegen protestierende Studenten auf dem Tian’anmen-Platz in Peking nicht ohne Hintergedanken rechtfertigte. Verweigerung, Selbstbehauptung und Opposition steigerten sich von der passiven Abwehr zum aktiven Widerstand durch Flucht und Fluchthilfe. Den gab es hunderttausendfach über die gesamte Zeit der wirkmächtig gewalttätigen SED-Diktatur.

---

[65] Bahrmann, Hannes; Links, Christoph: *Chronik der Wende. Die DDR zwischen 7. Oktober und 18. Dezember 1989.* Ch. Links Verlag, Berlin 1994, S. 32 und 47

Mit ihrem Diktum eines »überschaubaren Widerstands« erweist Münkel der wissenschaftlichen Forschung und der Aufarbeitung der SED-Diktatur einen Bärendienst. Ihre, in einem deutschen Referenzrahmen gefangene Wertung, scheint vom Konsens einer gewissen politischen Genese determiniert. Ein:e Historiker:in sollte nicht parteilich, wohl aber weitsichtig sein. Er oder Sie muss sich auf Zeitzeugen verlassen, nicht umgekehrt.

Handreichung zum Umgang mit Zeitzeugen (ZZ)

Klären Sie im Vorfeld alle Modalitäten des Zeitzeugengesprächs: Termin, Dauer, Equipment, Kosten, Anreise, Unterbringung, Transfers etc..
Transparente Kommunikationswege: E-Mail, Telefonnummern der Ansprechpartner.
Betreuen Sie Ihren Zeitzeugen, z. B. Abholung am Bahnhof/Hotel.
ZZ sind Referenten, die ihre persönliche Geschichte offenbaren und oft Einblick in ihr Innerstes geben. Ein respektvoller Umgang sollte selbstverständlich sein.
Laden Sie, nach Absprache, die örtliche Presse ein und sorgen für ein Interview-Zeitfenster.
Bei Schulen: Idealerweise sollte der Schulleiter/Rektor den Referenten begrüßen und bei der Veranstaltung einführende Worte sprechen.
Damit es zu keinen zeitlichen Verzögerungen kommt, sollte die Funktionsfähigkeit der Medien gewährleistet bzw. Ersatzgeräte verfügbar sein. Zwei Schüler sollten als Medienbetreuer und für die Lichtregie zur Verfügung stehen.
Selbstverständlich sollte es so sein, dass die Zuhörer (Schüler) inhaltlich vorbereitet sind und dass die Verhaltensregeln (essen, trinken, aufstehen) klar sind, sodass der Vortrag nicht durch Ermahnungen unterbrochen werden muss.
Für den ZZ sollte ein Glas Wasser o.ä. auf dem Pult stehen.
Nach dem Ende der Veranstaltung soll für eine angemessene Verabschiedung gesorgt werden; nicht der Schulgong, sondern das Schlusswort des Referenten beendet die Veranstaltung!

Für Bahnreisende sollte der anschließende Transfer zum Bahnhof organisiert sein.
Sollten Sie ein Gastgeschenk vorbereitet haben, bedenken Sie, dass es für Bahnreisende nicht zu schwer sein sollte.

Was gar nicht geht:

Unzuverlässigkeit bei der Terminabsprache – Referenten brauchen Planungssicherheit
ZZ anfragen – aber keine Bestätigung schicken
Unzuverlässigkeit beim Honorar; an Absprachen muss man sich halten!
Respektloser Umgang: Warten lassen bei der Ankunft im Sekretariat; »Einbau« in den Schulalltag ohne Berücksichtigung der besonderen Situation; respektloses Verhalten der Schüler; Unterbrechung des Vortrags durch falsche Organisation.
Abfertigung des ZZ, d.h. nahtloser Übergang zum Schulbetrieb ohne Verabschiedung bzw. ohne weitere Absprachen.

Literaturverzeichnis

H. Behrens, P. Ciupke, N. Reichling, Zeitzeugenarbeit zur DDR-Geschichte in der außer- schulischen politischen Bildung. Eine Analyse von Angeboten in fünf Bundesländern, in: Bildungswerk der Hum. Union NRW/Zeitpfeil-Studienwerk Berlin-Brandenburg (Hrsg.), Zeitzeugenarbeit zur DDR-Geschichte. Historische Entwicklungslinien – Konzepte – Bildungspraxis, Potsdam/Essen 2012, S. 46-83

C. Betram, Wirksamkeit von Zeitzeugenbefragungen im Geschichtsunterricht – ein Beitrag für die empirische Geschichtsdidaktik in: geschichte für heute. Zeitschrift für historisch-politische Bildung 3 (2012), Wochenschau-Verlag, S. 21-33

P. Bourdieu, Die biographische Illusion, in: Zeitschrift für Biographieforschung und oral history, Jg. 1990, Heft 1, S. 75-81

B. Dehne, Zeitzeugenbefragung im Unterricht, in: Geschichte in Wissenschaft und Unterricht 54, S. 440-451

R. Erbar, Zeugen der Zeit? Zeitzeugengespräche in Wissenschaft und Unterricht, in: Geschichte für heute 3 (2012), S. 5-21

C. Ernst, Zeitzeugen der DDR-Geschichte – Überwältigungsrisiko oder Potential für Multiperspektivität, in: Bildungswerk der Hum. Union NRW/Zeitpfeil-Studienwerk Berlin- Brandenburg (Hrsg.),

Zeitzeugenarbeit zur DDR-Geschichte. Historische Entwicklungslinien – Konzepte – Bildungspraxis, Potsdam/Essen 2012, S. 2-6

H. W. Heitzer, Oral History, in: W. Schreiber, Erste Begegnung mit Geschichte. Grundlagen historischen Lernens, 1999

G. Henke-Bockschatz, Zeitzeugenbefragung, in: Handbuch Methoden im Geschichtsunterricht, Schwalbach/Ts. 2011, S. 354-369

Geschichte betrifft uns: Zeitzeugengespräche im Geschichtsunterricht, 5/2015

Geschichte lernen Nr. 76 (2000) zum Thema Oral History

Nicole Justen: Praxishandbuch Umgang mit Zeitzeug:nnen, Ein Leitfaden für die praktische Bildungsarbeit, 2014

R. Koerber, Wie man einen Zeitzeugen auswählt und mit ihm umgeht, in: Geschichte lernen 76 (2000), S. 25-28

S. Moller, Befragungen, in: H. Günther-Arndt (Hrsg.), Geschichtsmethodik. Handbuch für die Sekundarstufe I. und II., Berlin 2007, S. 180-190

L. Niethammer (Hrsg.), Lebenserfahrung und kollektives Gedächtnis. Die Praxis der Oral History, Frankfurt am Main 1980

K. Passens, Augenzeugen und mündliche Quellen. Zeitzeugengespräche in der historisch- politischen Bildungsarbeit, in: H. Behrens u.a. (Hrsg.), Lernfeld DDR-Geschichte. Ein Handbuch für die politische Jugend- und Erwachsenenbildung, Schwalbach 2009 (Heft: Politik und Bildung, Bd. 51), S. 295-304

A. von Plato, Chancen und Gefahren des Einsatzes von Zeitzeugen im Unterricht, in: BIOS. Zeitschrift für Biographieforschung, Oral History und Lebensverlaufsanalyse Nr. 14 H. 2 (2001), 135-138

A. von Plato, Medialität und Erinnerung. Darstellung und Verwendung von Zeitzeugen in Ton, Bild und Film, in: BIOS 1 (2008), S. 79-92

G. Rosenthal, Erlebte und erzählte Lebensgeschichte. Gestalt und Struktur biographischer Selbstbeschreibungen, Frankfurt, New York 1995

M. Sabrow, N. Frei (Hrsg.), Die Geburt des Zeitzeugen nach 1945, Göttingen 2012

W. Schreiber (Hrsg.), Zeitzeugengespräche führen und auswerten. Historische Kompetenzen schulen, Neuried 2009

D. Schmiechen-Ackermann, Diktaturen im Vergleich, Darmstadt 3. Aufl. 2010

Schwendemann, Wilhelm (Hrsg.): Menschenrechte im Religionsunterricht, RUpraktisch sekundar, Göttingen 2010

VGD (Hrsg.), Zeitzeugen-Gespräche – Erinnerungskultur, in: Geschichte für heute (Zeitschrift für historisch-politische Bildung), Schwalbach 2012

W. Welsch, Ich war Staatsfeind Nr.1, 13. Aufl., München 2020

W. Welsch, Widerstand. Eine Abrechnung mit der SED-Diktatur, Berlin 2021

D. Wierling, Oral History, in: K. Bergmann (Hrsg.): Handbuch der Geschichtsdidaktik, 6. völlig neu bearbeitete Auflage, Seelze 1997, S. 236-239

D. Wierling, Lob der Uneindeutigkeit. Zeitzeugenschaft und Deutungskonflikte nach dem Ende der DDR, Blätter für dtsch. und internationale Politik 52, H. 3, S. 102-113
http://www.ku.de/fileadmin/140205/Publikationen/Oralhistory.pdf
http://www.lwg.uni-hannover.de/w/images/6/68/Oral_history_Schneider_Kiessling_2003pdf
http://epub.ub.uni-muenchen.de/627/1Stephan-Selbstzeugnisse.pdf